Com Nossa Senhora
entre louvores e preces

ÁGDA FRANÇA E AMARO FRANÇA

Com Nossa Senhora
entre louvores e preces

Um itinerário celebrativo

Dados Internacionais de Catalogação na Publicação (CIP)
Angélica Ilacqua CRB-8/7057

França, Ágda
   Com Nossa Senhora : entre louvores e preces : um itinerário celebrativo / Ágda França, Amaro França. – São Paulo : Paulinas, 2023.
   120 p.

   Bibliografia
   ISBN 978-65-5808-202-6

   1. Maria, Virgem, Santa 2. Devocionário 3. Orações I. Título II. França, Amaro

23-0076   CDD 232.91

Índice para catálogo sistemático:
1. Maria, Virgem, Santa

1ª edição – 2023

Direção-geral: *Ágda França*
Editora responsável: *Marina Mendonça*
Preparação de original: *Ana Cecilia Mari*
Copidesque: *Mônica Elaine G. S. da Costa*
Revisão: *Sandra Sinzato*
Gerente de produção: *Felício Calegaro Neto*
Capa e diagramação: *Tiago Filu*
Imagem da capa: *Nossa Senhora da Esperança*[DR]

As músicas citadas neste livro são de propriedade de Paulinas-COMEP e foram gentilmente cedidas.

Nenhuma parte desta obra poderá ser reproduzida ou transmitida por qualquer forma e/ou quaisquer meios (eletrônico ou mecânico, incluindo fotocópia e gravação) ou arquivada em qualquer sistema ou banco de dados sem permissão escrita da Editora. Direitos reservados.

Paulinas
Rua Dona Inácia Uchoa, 62
04110-020 – São Paulo – SP (Brasil)
Tel.: (11) 2125-3500
http://www.paulinas.com.br – editora@paulinas.com.br
Telemarketing e SAC: 0800-7010081
© Pia Sociedade Filhas de São Paulo – São Paulo, 2023

*A nossa mãe, Josefa Luíza (Dona Preta), que, com tanto amor,
ensinou-nos que a vida é muito mais do que entendemos...
É para ser vivida com coragem e fé.*

Apresentação

Como católicos, primeiro adoramos a Deus Uno e Trino entre louvores, preces e atitudes.

Depois, veneramos quem o adorou e serviu através dos tempos.

Porém, uma menina, mulher e mãe da Galileia fez isso de maneira sumamente admirável.

Chamava-se Miriam, que hoje traduzimos como Maria. Como ninguém, ela soube pensar, perguntar, meditar e assumir o mistério de Deus entre nós. Não era deusa, mas viveu querendo entender o que tinha acontecido em Nazaré e em Belém.

Nada mais justo que milhares de nomes e títulos, além de milhões de páginas e milhares de canções cantem suas virtudes.

Jesus era incomum, e a mãe que o aninhou no colo não foi mãe comum. Havia e há algo nela que a faz mulher cheia de graças.

Foi a mulher que mais perto chegou do mistério de Deus entre nós.

A ela, nossos elogios, louvores e canções, porque foi ela a humana que melhor se sintonizou com o Deus Uno e Trino!

Pe. Zezinho, scj

Maria nos apresenta seu Filho Jesus

Só em Jesus Cristo compreendemos o papel de Maria em nossa vida de fé e na Igreja. Ela é "Nossa Senhora" por causa de "Nosso Senhor". É a bendita entre todas as mulheres por ser a Mãe do Salvador. Tudo o que ela se tornou para os cristãos vem de sua intimidade com Jesus, desde o ventre materno.

"Em Maria, o Espírito Santo realiza o desígnio benevolente do Pai. É pelo Espírito Santo que a Virgem concebe e dá à luz o Filho de Deus" (Catecismo da Igreja Católica, n. 723).

Ao acolher o mistério de Cristo em seu próprio ser, enfrentando as alegrias e dores do seu dia a dia, a jovem de Nazaré torna-se para nós a Mãe amorosa. Não é preciso procurar atos extraordinários em Maria. Era uma mulher do povo, mãe e esposa como as outras mulheres. Ela leu a ação de Deus na história humana justamente no cotidiano da vida e colaborou no plano da salvação. É com a esperança viva aprendida e acolhida em seu ser que se dá o extraordinário: a encarnação do Filho de Deus.

O encontro de Deus com o ser humano, e deste com Deus, se dá de forma especial no ventre de Maria. Nela, o Filho de Deus toma corpo e, junto a ela, aprende o que é ser gente, fazer parte de um povo, viver todas as condições da encarnação. Em Maria, Mãe de Jesus e nossa, temos o testemunho da graça divina acolhida plenamente.

Ensina-nos, ó Mãe, a olhar Jesus Cristo com o teu olhar, a contemplar e a viver a sua Palavra e a segui-lo nos caminhos do Reino, para sermos mais de Deus e irmãos entre nós!

1º dia

"Eis aqui a serva do Senhor!"
(Lc 1,38)

Dirigente: Como irmãos e irmãs em Cristo Jesus, reunimo-nos para louvar e rezar. A oração em comunidade nos aproxima e revigora nossa pertença à Igreja. Com Maria, Nossa Senhora, juntamos nossas vozes para celebrar a fé, a esperança e o amor que seu Filho nos deixou.

Todos: Em nome do Pai e do Filho e do Espírito Santo. Amém.

Com Maria, nosso canto em oração: *(pode ser recitado)*

HISTÓRIA DE MARIA
(Pe. Zezinho, scj)

Vou lhe contar uma história
de uma jovem chamada Maria,
em Nazaré da Galileia
outra igual eu não sei se existia.

Não sei se eram verdes seus olhos,
se tinha cabelos morenos,
só sei que Maria de Nazaré
resolveu se casar com José.

Em sintonia com Maria

Uma história como tantas outras... Nada de excepcional. Poderia ser um retrato da minha ou da sua vida, dos sonhos e desejos humanos. Tudo muito comum. Esta é a história de Maria, uma jovem como qualquer outra da sua idade, com anseios e projetos.

A jovem de Nazaré enfrentou o que a vida lhe ofereceu de desafios. A condução de sua história pessoal se deu em sintonia com a vontade de Deus. Seu horizonte de vida não ficou restrito a si mesma, e sim se alargou para inserir-se no mundo como serviço generoso. As manifestações de Deus acontecem nos espaços e afazeres de nossa condição humana.

Maria, aprendemos contigo que, para escutar a Deus e, sobretudo, guardar a Palavra, é preciso viver o cotidiano, a pequenez, a abertura de coração.

Todos: À tua proteção recorremos, Santa Mãe de Deus! Não desprezes nossas súplicas em nossas necessidades, mas livra-nos sempre de todos os perigos, ó Virgem gloriosa e bendita! Amém.

Nossa oração de intercessão pela juventude. *(Rezar um mistério do terço.)*

(Breve momento de silêncio para sua oração pessoal.)

Dirigente: Glória ao Pai, ao Filho e ao Espírito Santo!
Todos: Como era no princípio, agora e sempre. Amém.

Dirigente: Irmãos e irmãs em Jesus Cristo, que nossa alegria de rezarmos juntos seja contagiante e testemunhe nossa pertença comprometida com a vida, a exemplo de Maria. Concluímos este momento na companhia da Mãe de Jesus e nossa. Sigamos com Nossa Senhora, sob a proteção da Santíssima Trindade.

Em nome do Pai e do Filho e do Espírito Santo.
Todos: Amém.

Refrão: Ave Maria, Ave Maria, Ave Maria, Mãe de Jesus!

2º dia

*"Ela dará à luz um filho,
e tu lhe porás o nome de Jesus."*
(Mt 1,21)

Dirigente: Como irmãos e irmãs em Cristo Jesus, reunimo-nos para louvar e rezar. A oração em comunidade nos aproxima e revigora nossa pertença à Igreja. Com Maria, Nossa Senhora, juntamos nossas vozes para celebrar a fé, a esperança e o amor que seu Filho nos deixou.

Todos: Em nome do Pai e do Filho e do Espírito Santo. Amém.

Com Maria, nosso canto em oração: *(pode ser recitado)*

SANTA MARIA DA GRAÇA
(Pe. Zezinho, scj)

Ave, Maria, mãe de Jesus, mãe de quem o segue,
mãe de quem tem fé!
Ave, Maria, menina santa, namorada e noiva de São José!

Ave, Maria, lá de Belém, lá de Nazaré, lá de Jerusalém!
Ave, Maria, de trezentos nomes, de tantos lugares, amém!

Graciosa como quê, o criador te escolheu!
E te fez especial por causa do menino que te concedeu.
Todo mundo fala desta graça tão maravilhosa que te aconteceu.

Eras tão especial que Deus pediu tua mão!
Tu soubeste acreditar na vinda do Messias, na libertação.
E bem antes de o trazer no ventre,
já o concebias no teu coração.

De rezar tu sabes mais que qualquer mãe que já rezou!
Tu soubeste conversar com teu divino Filho, que te elogiou.
Eras grande porque praticavas a palavra santa que te iluminou.

E é por isso e muito mais que a gente fala e canta e diz:
Deus morou na tua casa e, enquanto ele crescia,
foi teu aprendiz!
Entre todas, todas as mulheres de todos os povos,
foste a mais feliz.

Em sintonia com Maria

Como todas as jovens de Israel, Maria vivia tempos de expectativa pela vinda do Messias. E Deus a escolheu para ser a Mãe do Salvador. O aguardado das nações encontra morada no seu ventre. A espera chega ao fim, e a promessa se concretiza em seu ventre.

Ó Mãe Santíssima, ensina-nos a fazer a vontade de Deus! Tu, que foste preparada para ser a Mãe de Jesus, orienta a nossa mente, a nossa vontade e o nosso coração para acolher o teu Filho em nossa vida.

Todos: À tua proteção recorremos, Santa Mãe de Deus! Não desprezes nossas súplicas em nossas necessidades, mas livra-nos sempre de todos os perigos, ó Virgem gloriosa e bendita! Amém.

Nossa oração de intercessão pelos idosos. *(Rezar um mistério do terço.)*

(Breve momento de silêncio para sua oração pessoal.)

Dirigente: Glória ao Pai, ao Filho e ao Espírito Santo!

Todos: Como era no princípio, agora e sempre. Amém.

Dirigente: Irmãos e irmãs em Jesus Cristo, que nossa alegria de rezarmos juntos seja contagiante e testemunhe nossa pertença comprometida com a vida, a exemplo de Maria. Concluímos este momento na companhia da Mãe de Jesus e nossa. Sigamos com Nossa Senhora, sob a proteção da Santíssima Trindade.

Em nome do Pai e do Filho e do Espírito Santo.

Todos: Amém.

Refrão: Ave Maria, Ave Maria, Ave Maria, Mãe de Jesus!

3º dia

"Proclama minha alma a grandeza do Senhor!"
(Lc 1,46)

Dirigente: Como irmãos e irmãs em Cristo Jesus, reunimo-nos para louvar e rezar. A oração em comunidade nos aproxima e revigora nossa pertença à Igreja. Com Maria, Nossa Senhora, juntamos nossas vozes para celebrar a fé, a esperança e o amor que seu Filho nos deixou.

Todos: Em nome do Pai e do Filho e do Espírito Santo. Amém.

Com Maria, nosso canto em oração: *(pode ser recitado)*

LOUVAÇÃO A MARIA
(Pe. Zezinho, scj)

Entre todas a mulheres, és bendita!
Depois de ti, Maria, é mais bonito ser mulher.
Entre todas as mulheres, és bendita!
Porque tu bem sabias caminhar como Deus quer.

Louvamos, ó Maria,
Teu jeito de viver
E a sabedoria
De quem tenta entender.

Entre todas a mulheres, és bendita!
Depois de ti, Maria, é mais bonito ser mulher.
Entre todas as mulheres, és bendita!
Porque tu bem sabias caminhar como Deus quer.

Louvamos a maneira
De receber a luz.
Por isso és a primeira
No Reino de Jesus.

Em sintonia com Maria

Ser escolhida como Mãe do Filho de Deus não fez de Maria uma mulher orgulhosa. Ao contrário, transformou-a em serva do Senhor. A humildade e confiança dela a elevaram na preferência divina. Sua disponibilidade generosa a tornou a primeira morada do Salvador.

A agraciada por Deus é a consoladora do seu povo. Nós também a escolhemos como Nossa Senhora e a reconhecemos como nossa Mãe. Aprendamos de Maria, a escolhida, a entregar nossa vida nas mãos do Pai.

Caminha conosco, ó Mãe de Jesus e nossa!

Todos: À tua proteção recorremos, Santa Mãe de Deus! Não desprezes nossas súplicas em nossas necessidades, mas livra-nos sempre de todos os perigos, ó Virgem gloriosa e bendita! Amém.

Nossa oração de intercessão pelas mulheres. *(Rezar um mistério do terço.)*

(Breve momento de silêncio para sua oração pessoal.)

Dirigente: Glória ao Pai, ao Filho e ao Espírito Santo!

Todos: Como era no princípio, agora e sempre. Amém.

Dirigente: Irmãos e irmãs em Jesus Cristo, que nossa alegria de rezarmos juntos seja contagiante e testemunhe nossa pertença comprometida com a vida, a exemplo de Maria. Concluímos este momento na companhia da Mãe de Jesus e nossa. Sigamos com Nossa Senhora, sob a proteção da Santíssima Trindade.

Em nome do Pai e do Filho e do Espírito Santo.

Todos: Amém.

Refrão: Ave Maria, Ave Maria, Ave Maria, Mãe de Jesus!

4º dia

"Alegra-se meu espírito em Deus, meu salvador."
(Lc 1,47)

Dirigente: Como irmãos e irmãs em Cristo Jesus, reunimo-nos para louvar e rezar. A oração em comunidade nos aproxima e revigora nossa pertença à Igreja. Com Maria, Nossa Senhora, juntamos nossas vozes para celebrar a fé, a esperança e o amor que seu Filho nos deixou.

Todos: Em nome do Pai e do Filho e do Espírito Santo. Amém.

Com Maria, nosso canto em oração: *(pode ser recitado)*

O TEU SEGREDO, MARIA
(Pe. Zezinho, scj)

Teu Senhor te fez assim
Pura como a fonte cristalina
E pelo mundo te fez caminhar.
Teu Senhor ouviu teu "sim".
Livre desde o tempo de menina,
Teu coração vai me falar.

O teu segredo, Maria, eu vou desvendar
E, neste mar de alegria, eu vou mergulhar.
E se eu pudesse eu faria meu mundo mudar
E o teu segredo, Maria, iria contar.

Em sintonia com Maria

Qual o segredo de Maria? Nada mais secreto, e revelado em seu próprio Filho Jesus. Deus prepara seu povo e escolhe Maria para realizar o sonho de trazer à plenitude dos tempos aquele que ofertaria sua vida para que todos vivessem em abundância.

Mergulhar na história e na vida de Maria é abrir espaço para compreender a bênção de Deus; a agraciada, plenificada pelo Espírito, responde com humildade: "Eis-me aqui, Senhor!".

Mãe da fé, da esperança e do amor, mostra-nos como acolher a graça do Senhor!

Todos: À tua proteção recorremos, Santa Mãe de Deus! Não desprezes nossas súplicas em nossas necessidades, mas livra-nos sempre de todos os perigos, ó Virgem gloriosa e bendita! Amém.

Nossa oração de intercessão pela família. *(Rezar um mistério do terço.)*

(Breve momento de silêncio para sua oração pessoal.)

Dirigente: Glória ao Pai, ao Filho e ao Espírito Santo!

Todos: Como era no princípio, agora e sempre. Amém.

Dirigente: Irmãos e irmãs em Jesus Cristo, que nossa alegria de rezarmos juntos seja contagiante e testemunhe nossa

pertença comprometida com a vida, a exemplo de Maria. Concluímos este momento na companhia da Mãe de Jesus e nossa. Sigamos com Nossa Senhora, sob a proteção da Santíssima Trindade.

Em nome do Pai e do Filho e do Espírito Santo.

Todos: Amém.

Refrão: Ave Maria, Ave Maria, Ave Maria, Mãe de Jesus!

5º dia

"O Poderoso fez coisas grandiosas para mim!"
(Lc 1,38)

Dirigente: Como irmãos e irmãs em Cristo Jesus, reunimo-nos para louvar e rezar. A oração em comunidade nos aproxima e revigora nossa pertença à Igreja. Com Maria, Nossa Senhora, juntamos nossas vozes para celebrar a fé, a esperança e o amor que seu Filho nos deixou.

Todos: Em nome do Pai e do Filho e do Espírito Santo. Amém.

Com Maria, nosso canto em oração: *(pode ser recitado)*

OUTRA CANÇÃO PARA MARIA
(Pe. Zezinho, scj)

Estou pensando em ti,
Maria de Jesus. (2x)

Tua imagem de mulher e de menina
Muitas vezes vem até meu pensamento
E lá dentro do meu ser vem o desejo
De poder compreender as coisas do amor
E fazer exatamente o que Deus quiser de mim,
Pra eu ter, enfim,
A paz do meu Senhor.

Em sintonia com Maria

A humildade é uma das características de Maria. Sua grandeza vem da graça divina, do fato de ser filha muito amada por Deus. Assim, sua resposta concreta a esse amor é fazer a vontade do Pai.

Maria, tu és testemunho de fé, mulher comprometida com o projeto de Deus. Não são os planos ou anseios pessoais que em ti têm primazia. Em tua vida, Deus vem primeiro. De teus gestos de confiança plena e disponibilidade nas mãos de Deus, Jesus aprende a dizer sempre "sim" ao Pai.

Todos: À tua proteção recorremos, Santa Mãe de Deus! Não desprezes nossas súplicas em nossas necessidades, mas livra-nos sempre de todos os perigos, ó Virgem gloriosa e bendita! Amém.

Nossa oração de intercessão pelos educadores. *(Rezar um mistério do terço.)*

(Breve momento de silêncio para sua oração pessoal.)

Dirigente: Glória ao Pai, ao Filho e ao Espírito Santo!

Todos: Como era no princípio, agora e sempre. Amém.

Dirigente: Irmãos e irmãs em Jesus Cristo, que nossa alegria de rezarmos juntos seja contagiante e testemunhe nossa pertença comprometida com a vida, a exemplo de Maria.

Concluímos este momento na companhia da Mãe de Jesus e nossa. Sigamos com Nossa Senhora, sob a proteção da Santíssima Trindade.
Em nome do Pai e do Filho e do Espírito Santo.
Todos: Amém.

Refrão: Ave Maria, Ave Maria, Ave Maria, Mãe de Jesus!

6º dia

"O Espírito Santo descerá sobre ti."
(Lc 1,35)

Dirigente: Como irmãos e irmãs em Cristo Jesus, reunimo-nos para louvar e rezar. A oração em comunidade nos aproxima e revigora nossa pertença à Igreja. Com Maria, Nossa Senhora, juntamos nossas vozes para celebrar a fé, a esperança e o amor que seu Filho nos deixou.

Todos: Em nome do Pai e do Filho e do Espírito Santo. Amém.

Com Maria, nosso canto em oração: *(pode ser recitado)*

MÃE DO REDENTOR
(Pe. Zezinho, scj)

Que não digam que a mãe de Jesus é uma deusa!
Deusa ela não é!
Que não digam que a mãe de Jesus
Foi mulher como qualquer mulher!

Não foi deusa nem mais do que Deus,
Mas certamente ela foi
Mais mulher do que as outras mulheres
E mais mãe do que todas as mães.

Escolhida por Deus pra ser mãe do Messias,
Logo compreendeu
Que seria chamada a ser mãe,
Mas não mãe de um profeta qualquer.

Aceitou, mas jamais se esqueceu
Do seu papel singular:
Ter no ventre o mais santo dos filhos,
Transformar o seu colo em altar.

Mãe do Cristo Jesus é Maria!
Se o Cristo foi Deus, ela foi... Mãe de Deus.
Foi por isso que ela esperou... que o Senhor
Revelasse o seu Filho e do Filho a missão.
E, enquanto o menino crescia, Maria
Guardava essas coisas no seu coração.

Em sintonia com Maria

Esperar com esperança é a força do crente. Na pequenez de Belém, o Sol Maior surge na aurora, que lhe apresenta o dia da plenitude de Deus reinando. Nossa Senhora é a mulher que conserva a luz que brilha nas trevas, resgatando em nós a esperança e o amor pela vida.

Em ti, Mãe Santíssima, a Palavra se fez carne. Deus veio morar entre nós. Acolheste com ternura o esperado das nações. Que aprendamos de ti, ó Mãe, o jeito de seguir Jesus, realizando o seu projeto de amor!

Todos: À tua proteção recorremos, Santa Mãe de Deus! Não desprezes nossas súplicas em nossas necessidades, mas livra-nos sempre de todos os perigos, ó Virgem gloriosa e bendita! Amém.

Nossa oração de intercessão pelos doentes. *(Rezar um mistério do terço.)*

(Breve momento de silêncio para sua oração pessoal.)

Dirigente: Glória ao Pai, ao Filho e ao Espírito Santo!

Todos: Como era no princípio, agora e sempre. Amém.

Dirigente: Irmãos e irmãs em Jesus Cristo, que nossa alegria de rezarmos juntos seja contagiante e testemunhe nossa pertença comprometida com a vida, a exemplo de Maria. Concluímos este momento na companhia da Mãe de Jesus e nossa. Sigamos com Nossa Senhora, sob a proteção da Santíssima Trindade.

Em nome do Pai e do Filho e do Espírito Santo.

Todos: Amém.

Refrão: Ave Maria, Ave Maria, Ave Maria, Mãe de Jesus!

7º dia

"José se levantou, pegou o menino e sua mãe, e partiu para o Egito."
(Mt 2,14)

Dirigente: Como irmãos e irmãs em Cristo Jesus, reunimo-nos para louvar e rezar. A oração em comunidade nos aproxima e revigora nossa pertença à Igreja. Com Maria, Nossa Senhora, juntamos nossas vozes para celebrar a fé, a esperança e o amor que seu Filho nos deixou.
Todos: Em nome do Pai e do Filho e do Espírito Santo. Amém.

Com Maria, nosso canto em oração: *(pode ser recitado)*

MARIA DE JESUS CRISTO
(Pe. Zezinho, scj)

Maria santa de Jesus,
Maria pura de José,
Que eu vi chorando ao pé da cruz,
Que eu vi sorrindo em Nazaré.
Nossa Senhora a gente diz,
Senhora e mãe de todos nós.
Pensando em ti fico feliz,
no teu amor roga por nós.

Também como em Belém nasci em teu regaço
E passo a passo caminhei com teu Jesus.
Eu caminhei também, sorrindo e a chorar,
Mas vou levar com teu Jesus a minha cruz.

Ave Maria, Maria, Maria, Maria...

Em sintonia com Maria

A vida de todo cristão deve ser pautada nos passos de Jesus. É com o Mestre, nele e por ele, que somos participantes do projeto do Reino de Deus.

Como mulher comprometida com o Senhor, Maria segue os passos de seu Filho até a cruz. Ela chora a dor dos que sofrem, alegra-se com os gestos de fraternidade e mostra-nos que viver em Jesus é acreditar no amor de Deus.

Ó Mãe, que saibamos conservar a esperança e perseverar no seguimento do teu Filho!

Todos: À tua proteção recorremos, Santa Mãe de Deus! Não desprezes nossas súplicas em nossas necessidades, mas livra-nos sempre de todos os perigos, ó Virgem gloriosa e bendita! Amém.

Nossa oração de intercessão pelos desempregados. *(Rezar um mistério do terço.)*

(Breve momento de silêncio para sua oração pessoal.)

Dirigente: Glória ao Pai, ao Filho e ao Espírito Santo!
Todos: Como era no princípio, agora e sempre. Amém.

Dirigente: Irmãos e irmãs em Jesus Cristo, que nossa alegria de rezarmos juntos seja contagiante e testemunhe nossa pertença comprometida com a vida, a exemplo de Maria. Concluímos este momento na companhia da Mãe de Jesus e nossa. Sigamos com Nossa Senhora, sob a proteção da Santíssima Trindade.
Em nome do Pai e do Filho e do Espírito Santo.
Todos: Amém.

Refrão: Ave Maria, Ave Maria, Ave Maria, Mãe de Jesus!

8º dia

*"Bendita és tu entre as mulheres,
e bendito é o fruto do teu ventre!"*
(Lc 1,42)

Dirigente: Como irmãos e irmãs em Cristo Jesus, reunimo-nos para louvar e rezar. A oração em comunidade nos aproxima e revigora nossa pertença à Igreja. Com Maria, Nossa Senhora, juntamos nossas vozes para celebrar a fé, a esperança e o amor que seu Filho nos deixou.

Todos: Em nome do Pai e do Filho e do Espírito Santo. Amém.

Com Maria, nosso canto em oração: *(pode ser recitado)*

CORAÇÃO DE MARIA
(Pe. Zezinho, scj)

O que será que pensa aquele coração
Ao contemplar o Filho que Deus lhe mandou?
Por que será que Deus me escolheu? (2x)

O que será que pensa aquele coração
Ao contemplar o Filho que Deus lhe mandou?
Por causa dele eu sou quem eu sou. (2x)

Sou serva e não posso ser serva,
Sou serva de quem me escolheu.

Pediu o meu "sim" sem reservas,
Meu colo carrega um segredo.

O mundo vai ver a verdade,
Meu Filho nos ensinará.
Respostas de eternidade
E no tempo certo dirá.

Em sintonia com Maria

A fé e a coragem de Maria foram fundamentais para que ela enfrentasse a dor que seu coração materno sofreria. Ela, que viveu a plenitude do amor ao trazer em si o próprio amor, também experimentou a dor da morte em vida, com a crucificação de seu Filho.

Nossa Senhora, és testemunho vivo de que a fé, a esperança e a caridade ultrapassam a nós mesmos. Na cruz, Jesus nos deu sua própria Mãe. Agora, compreendes que ser de Jesus é assumir também todos os que o seguem como filhos teus. Obrigado, ó Mãe querida!

Todos: À tua proteção recorremos, Santa Mãe de Deus! Não desprezes nossas súplicas em nossas necessidades, mas livra-nos sempre de todos os perigos, ó Virgem gloriosa e bendita! Amém.

Nossa oração de intercessão pelos religiosos consagrados.
(Rezar um mistério do terço.)

(Breve momento de silêncio para sua oração pessoal.)

Dirigente: Glória ao Pai, ao Filho e ao Espírito Santo!
Todos: Como era no princípio, agora e sempre. Amém.

Dirigente: Irmãos e irmãs em Jesus Cristo, que nossa alegria de rezarmos juntos seja contagiante e testemunhe nossa pertença comprometida com a vida, a exemplo de Maria. Concluímos este momento na companhia da Mãe de Jesus e nossa. Sigamos com Nossa Senhora, sob a proteção da Santíssima Trindade.

Em nome do Pai e do Filho e do Espírito Santo.

Todos: Amém.

Refrão: Ave Maria, Ave Maria, Ave Maria, Mãe de Jesus!

9º dia

"Uma espada traspassará tua alma."
(Lc 2,35b)

Dirigente: Como irmãos e irmãs em Cristo Jesus, reunimo-nos para louvar e rezar. A oração em comunidade nos aproxima e revigora nossa pertença à Igreja. Com Maria, Nossa Senhora, juntamos nossas vozes para celebrar a fé, a esperança e o amor que seu Filho nos deixou.

Todos: Em nome do Pai e do Filho e do Espírito Santo. Amém.

Com Maria, nosso canto em oração: *(pode ser recitado)*

MARIA DA PAZ INQUIETA
(Pe. Zezinho, scj)

Aquele que tu trouxeste
Chamou-te mulher feliz
Pelo que foste e fizeste,
Pois fizeste o que o céu sempre quis.
E pelo amor que tiveste,
Pois amor mais fiel não havia,
Não só porque no-lo deste,
Mas por seres Maria que ouvia.

Maria que conservavas
Inquieto teu coração.

Maria que meditavas
Nas palavras de Simeão.
Maria que tantas vezes
Não chegavas a compreender.
Maria que perguntavas
E meditavas querendo entender.

Em sintonia com Maria

Muitas vezes, passamos o tempo em busca de explicações, de convencimentos, de justificativas... A escuta de Maria é obediência. Sua inquietude é a de quem se pergunta pelas razões profundas da existência.

Aprendamos de Maria a acolhida orante das situações que nos afetam. Não tenhamos pressa em julgar. É necessário dar-se o tempo de perscrutar os caminhos do Reino.

Ó Mãe querida, acalma nosso coração ansioso, ajuda--nos a meditar a Palavra de Deus para compreender o caminho a seguir!

Todos: À tua proteção recorremos, Santa Mãe de Deus! Não desprezes nossas súplicas em nossas necessidades, mas livra--nos sempre de todos os perigos, ó Virgem gloriosa e bendita! Amém.

Nossa oração de intercessão pelos catequistas. *(Rezar um mistério do terço.)*

(Breve momento de silêncio para sua oração pessoal.)

Dirigente: Glória ao Pai, ao Filho e ao Espírito Santo!
Todos: Como era no princípio, agora e sempre. Amém.

Dirigente: Irmãos e irmãs em Jesus Cristo, que nossa alegria de rezarmos juntos seja contagiante e testemunhe nossa pertença comprometida com a vida, a exemplo de Maria. Concluímos este momento na companhia da Mãe de Jesus e nossa. Sigamos com Nossa Senhora, sob a proteção da Santíssima Trindade.
Em nome do Pai e do Filho e do Espírito Santo.
Todos: Amém.

Refrão: Ave Maria, Ave Maria, Ave Maria, Mãe de Jesus!

10º dia

*"Todas as gerações me chamarão
bem-aventurada."*
(Lc 2,48b)

Dirigente: Como irmãos e irmãs em Cristo Jesus, reunimo-nos para louvar e rezar. A oração em comunidade nos aproxima e revigora nossa pertença à Igreja. Com Maria, Nossa Senhora, juntamos nossas vozes para celebrar a fé, a esperança e o amor que seu Filho nos deixou.

Todos: Em nome do Pai e do Filho e do Espírito Santo. Amém.

Com Maria, nosso canto em oração: *(pode ser recitado)*

A SENHORA APARECIDA
(Pe. Zezinho, scj)

Venho cantar meu canto, cheio de amor e vida.
Venho louvar aquela a quem chamo Senhora de Aparecida.
Venho louvar Maria Mãe do Libertador.
Venho louvar a Virgem de cor morena, por seu amor. (2x)

Hoje eu me fiz romeiro sem ilusão e sem utopia.
Fui visitar a casa que construíram pra Mãe Maria.
E, no meu jeito simples de entender esta devoção,
Virgem morena, eu disse: "Conduz meu povo à libertação". (2x)

Em sintonia com Maria

Em Jesus, o caminho de libertação é projeto de esperança, de realização do Reino de Deus na história, particularmente, na vida dos mais desamparados. O sonho de libertação é anseio de vida nos rostos sofridos pela opressão da fome, da calúnia, e, também, pela falta de oportunidade na escola, no trabalho, na sociedade.

A Mãe do Libertador revela empatia com a dor do povo e com a nossa dor pessoal.

A ti, ó Maria, nossa gratidão por nos ter dado teu Filho Jesus!

Todos: À tua proteção recorremos, Santa Mãe de Deus! Não desprezes nossas súplicas em nossas necessidades, mas livra-nos sempre de todos os perigos, ó Virgem gloriosa e bendita! Amém.

Nossa oração de intercessão pelos pobres. *(Rezar um mistério do terço.)*

(Breve momento de silêncio para sua oração pessoal.)

Dirigente: Glória ao Pai, ao Filho e ao Espírito Santo!

Todos: Como era no princípio, agora e sempre. Amém.

Dirigente: Irmãos e irmãs em Jesus Cristo, que nossa alegria de rezarmos juntos seja contagiante e testemunhe nossa

pertença comprometida com a vida, a exemplo de Maria. Concluímos este momento na companhia da Mãe de Jesus e nossa. Sigamos com Nossa Senhora, sob a proteção da Santíssima Trindade.

Em nome do Pai e do Filho e do Espírito Santo.

Todos: Amém.

Refrão: Ave Maria, Ave Maria, Ave Maria, Mãe de Jesus!

Com Maria, somos Igreja a caminho

Junto com o reconhecimento de Maria como Mãe de Jesus, podemos afirmar que ela é também Mãe da Igreja. Sua união com o seu Filho se estende àqueles que o seguem. A adesão dela à vontade do Pai torna-a testemunha e modelo de fé e caridade. Além disso, ela cooperou na obra do Salvador para a restauração da vida e cumpre sua função materna desde o Céu.

A presença da Mãe na Igreja e em nossa vida é sinal seguro que nos indica aonde ir e como caminhar. Muitas vezes, buscamos caminhos que nos afastam de Jesus. Mas Nossa Senhora está sempre atenta para nos recolocar no sentido certo que nos conduz a Jesus.

Com Maria, somos caminhantes na estrada de Jesus, com o propósito de vivermos o Reino de Deus, cuidando uns dos outros. Como nos conclama o Papa Francisco: "Recordamo-nos de que ninguém se salva sozinho, de que só é possível salvar-nos juntos" (*Fratelli Tutti*, n. 32). E nessa caminhada para o essencial da vida, motivados pela oração, somos profetas da solidariedade e da ternura do cuidado.

Nossa Senhora nos ensina a orar, a pedir ao seu Filho, como fez nas Bodas de Caná. De Maria, a Igreja aprende a contemplar a Palavra viva que é Jesus. Sua convivência na casa de Nazaré revela a intimidade vivida nas relações familiares e de missão. Em Jesus, Maria entende pouco a pouco o que significa ofertar sua vida. As primícias do Evangelho são colhidas no lar de Nazaré. Com Maria e José, Jesus aprende a dizer "sim" à vontade de Deus.

Na cruz, Jesus entrega sua mãe ao discípulo amado: "Mulher, eis teu filho", e a confia ao discípulo: "Eis tua mãe" (cf. Jo 19,26-27). Nessa cena, todos estamos representados como comunidade cristã, confiada à proteção de Maria e que também acolhe o compromisso de cuidar de sua memória.

A Igreja encontra em Maria o jeito de ser comunidade que cultiva a fé e a solidariedade, sendo sinal de esperança no anúncio do Reino de Deus. Caminhemos, como discípulos missionários, junto com Maria, nos passos de Jesus.

11º dia

"Todos eles eram unanimemente perseverantes na oração, com algumas mulheres, Maria, a Mãe de Jesus..."
(At 1,14)

Dirigente: Estamos reunidos como irmãos para elevar nosso louvor a Deus, o Pai de amor que, pela encarnação de seu Filho no seio de Maria, concedeu à humanidade a salvação eterna. Sigamos o exemplo de nossa querida Mãe e sejamos também discípulos missionários de Jesus Cristo, na graça do Espírito Santo.

Todos: Em nome do Pai e do Filho e do Espírito Santo. Amém.

Com Maria, nosso canto em oração: *(pode ser recitado)*

PRIMEIRA CRISTÃ
(Pe. Zezinho, scj)

Primeira cristã, Maria da luz,
Sabias, ó Mãe, amar teu Jesus.

Primeira cristã, Maria do amor,
Soubeste seguir teu Filho e Senhor.

Nossa Senhora das milhões de luzes,
Que o meu povo acende pra te louvar.
Iluminada, iluminadora,
Inspiradora de quem quer amar.

E andar com Jesus. (4x)

Em sintonia com Maria

Com Maria, que seguiu os passos de seu Filho, aprendemos que ser cristão significa compromisso com o amor a Deus e aos irmãos. Ela nos indica que Jesus é o único caminho para nossa realização de vida plena.

Ó Nossa Senhora, tu que foste iluminada pela graça divina e resplandeces a luz que vem de Jesus, clareia nosso caminho de seguimento de cristãos comprometidos com a vida. Obrigado, ó Mãe, porque nos ensinas a ser de Jesus!

Todos: Mãe amadíssima, faze crescer no mundo o sentido de pertença a uma única grande família, na certeza do vínculo que une a todos, para acudirmos, com espírito fraterno e solidário, a tanta pobreza e inúmeras situações de miséria! Encoraja a firmeza na fé, a perseverança no serviço, a constância na oração![1]

Nossa oração de intercessão pelo papa e pelos ministros ordenados. *(Rezar um mistério do terço.)*

(Breve momento de silêncio para sua oração pessoal.)

Dirigente: Glória ao Pai, ao Filho e ao Espírito Santo!

Todos: Como era no princípio, agora e sempre. Amém.

---

[1] Disponível em: <https://www.vatican.va/content/francesco/pt/prayers/documents/papa-francesco_preghiere_20200425_preghiera-mariana-maggio.html>.

Dirigente: Irmãos e irmãs em Jesus Cristo, que nossa alegria de rezarmos juntos seja contagiante e testemunhe nossa pertença comprometida com a vida, a exemplo de Maria. Concluímos este momento na companhia da Mãe de Jesus e nossa. Sigamos com Nossa Senhora, sob a proteção da Santíssima Trindade.
Em nome do Pai e do Filho e do Espírito Santo.
Todos: Amém.

Refrão: Ensina teu povo a rezar, Maria, Mãe de Jesus, que um dia teu povo desperta e na certa vai ver a luz; que um dia teu povo se anima e caminha com teu Jesus.

12º dia

"Jacó gerou José, o esposo de Maria, da qual nasceu Jesus, que é chamado Cristo."
(Mt 1,16)

Dirigente: Estamos reunidos como irmãos para elevar nosso louvor a Deus, o Pai de amor que, pela encarnação de seu Filho no seio de Maria, concedeu à humanidade a salvação eterna. Sigamos o exemplo de nossa querida Mãe e sejamos também discípulos missionários de Jesus Cristo, na graça do Espírito Santo.

Todos: Em nome do Pai e do Filho e do Espírito Santo. Amém.

Com Maria, nosso canto em oração: *(pode ser recitado)*

E TE CHAMAVAS MARIA
(Pe. Zezinho, scj)

Tinhas um grande amor,
Vivias a tua fé,
Sonhavas igual as meninas de todos os tempos
Costumam sonhar.
Amavas o teu Senhor,
Amavas o teu José,
Amavas igual as meninas de todos os tempos
Costumam amar.

E te chamavas Maria, Maria de Nazaré.
E te chamavam Maria, Maria do bom José.

Fico a imaginar
Teu jeito de ser mulher.
Sorrias, falavas, brincavas, cantavas,
Dançavas pensando em José.
Posso te vislumbrar,
Quase consigo ver,
Sonhavas, oravas, cantavas,
E os dias passavas imersa em tua fé.

Em sintonia com Maria

Em Nossa Senhora resplandece a mulher do povo. Aquela que soube fazer de sua vida terrena expressão das graças divinas representa também todos nós, "povo de Deus", em busca da vida.

Maria de Nazaré, mulher da história, construiu e teceu vida na simplicidade de quem se reconhece amada por Deus.

Que saibamos, ó Mãe, olhar o teu Jesus e, com o coração agradecido, dizer, assim como tu fizeste: "Eis aqui a escrava do Senhor!".

Todos: Mãe amadíssima, faze crescer no mundo o sentido de pertença a uma única grande família, na certeza do vínculo que une a todos, para acudirmos, com espírito fraterno e solidário, a tanta pobreza e inúmeras situações de miséria!

Encoraja a firmeza na fé, a perseverança no serviço, a constância na oração!

Nossa oração de intercessão pelos presidiários. *(Rezar um mistério do terço.)*

(Breve momento de silêncio para sua oração pessoal.)

Dirigente: Glória ao Pai, ao Filho e ao Espírito Santo!

Todos: Como era no princípio, agora e sempre. Amém.

Dirigente: Irmãos e irmãs em Jesus Cristo, que nossa alegria de rezarmos juntos seja contagiante e testemunhe nossa pertença comprometida com a vida, a exemplo de Maria. Concluímos este momento na companhia da Mãe de Jesus e nossa. Sigamos com Nossa Senhora, sob a proteção da Santíssima Trindade.

Em nome do Pai e do Filho e do Espírito Santo.

Todos: Amém.

Refrão: Ensina teu povo a rezar, Maria, Mãe de Jesus, que um dia teu povo desperta e na certa vai ver a luz; que um dia o teu povo se anima e caminha com teu Jesus.

13º dia

"Eis tua mãe."
(Jo 19,27)

Dirigente: Estamos reunidos como irmãos para elevar nosso louvor a Deus, o Pai de amor que, pela encarnação de seu Filho no seio de Maria, concedeu à humanidade a salvação eterna. Sigamos o exemplo de nossa querida Mãe e sejamos também discípulos missionários de Jesus Cristo, na graça do Espírito Santo.

Todos: Em nome do Pai e do Filho e do Espírito Santo. Amém.

Com Maria, nosso canto em oração: *(pode ser recitado)*

LÁ NO ALTAR DE APARECIDA
(Pe. Zezinho, scj)

Em procissão, em romaria,
Romeiro, ruma para a casa de Maria!
Em procissão, feliz da vida,
Romeiro, vai buscar a paz de Aparecida!

E, cada qual, tem uma história pra contar,
E o coração de cada qual tem um motivo pra rezar.
Vem pra pedir, agradecer ou celebrar.
Ai, quem tem fé no infinito, sabe aonde quer chegar.

Eu vim de carro, eu vim de trem, eu vim a pé,
Eu vim de perto, eu vim de longe,
Eu vim sereno, eu vim com fé.
Que nem se eu fosse até o lar de Nazaré
Pra conversar com Jesus Cristo, e com Maria e com José.

Em sintonia com Maria

Maria é modelo de peregrina da fé. No lar de Nazaré ou seguindo os passos de seu Filho pelos caminhos da Palestina, ela foi mestra e discípula. Seu testemunho de fidelidade a Deus e de gratuidade serve de indicação para os peregrinos que buscam um alento para suas dores. O amor de Maria por Jesus transborda para todos nós.

Protege-nos, Senhora nossa, na viagem da vida, como companheira no seguimento de Jesus! Contigo, ó Maria, comprovamos pelo testemunho da fé o amor que nos torna todos irmãos!

Todos: Mãe amadíssima, faze crescer no mundo o sentido de pertença a uma única grande família, na certeza do vínculo que une a todos, para acudirmos, com espírito fraterno e solidário, a tanta pobreza e inúmeras situações de miséria! Encoraja a firmeza na fé, a perseverança no serviço, a constância na oração!

Nossa oração de intercessão pelos trabalhadores. *(Rezar um mistério do terço.)*

(Breve momento de silêncio para sua oração pessoal.)

Dirigente: Glória ao Pai, ao Filho e ao Espírito Santo!
Todos: Como era no princípio, agora e sempre. Amém.

Dirigente: Irmãos e irmãs em Jesus Cristo, que nossa alegria de rezarmos juntos seja contagiante e testemunhe nossa pertença comprometida com a vida, a exemplo de Maria. Concluímos este momento na companhia da Mãe de Jesus e nossa. Sigamos com Nossa Senhora, sob a proteção da Santíssima Trindade.
Em nome do Pai e do Filho e do Espírito Santo.
Todos: Amém.

Refrão: Ensina teu povo a rezar, Maria, Mãe de Jesus, que um dia teu povo desperta e na certa vai ver a luz; que um dia teu povo se anima e caminha com teu Jesus.

14º dia

*"Por que me acontece isto,
que a mãe de meu Senhor venha a mim?"*
(Lc 1,43)

Dirigente: Estamos reunidos como irmãos para elevar nosso louvor a Deus, o Pai de amor que, pela encarnação de seu Filho no seio de Maria, concedeu à humanidade a salvação eterna. Sigamos o exemplo de nossa querida Mãe e sejamos também discípulos missionários de Jesus Cristo, na graça do Espírito Santo.

Todos: Em nome do Pai e do Filho e do Espírito Santo. Amém.

Com Maria, nosso canto em oração: *(pode ser recitado)*

A MESMA MÃE
(Pe. Zezinho, scj)

A mesma Mãe, a mesma Santa,
Aparecida ou Nazaré.
Às vezes branca, às vezes negra,
Às vezes índia, da cor da nossa gente.
De muitos nomes, de muitas faces,
Assim és tu, Maria,
Iluminada, Mãe de Jesus!

Não há palavras pra descrever
A mãe da nossa Igreja.
Bendita sejas, bendita sejas,
Maria, Mãe da Igreja, bendita sejas!

Em sintonia com Maria

Os devotos de Nossa Senhora sabem que ela nos indica sempre seu Filho. Cantar a Maria é elevar louvores ao Senhor. Os diversos títulos marianos são expressão de nossa devoção. As invocações a Mãe são mediações e súplicas para nos manter em sintonia com Jesus.

Nossa Senhora de vários nomes, faces, lugares, títulos, teu povo te chama assim porque entende que tu és a escolhida de Deus. Atenta a todas as nossas necessidades, apresenta-nos ao teu Filho. Ó Mãe querida, ensina-nos sempre a fazer a vontade do Pai, nos passos de Jesus!

Todos: Mãe amadíssima, faze crescer no mundo o sentido de pertença a uma única grande família, na certeza do vínculo que une a todos, para acudirmos, com espírito fraterno e solidário, a tanta pobreza e inúmeras situações de miséria! Encoraja a firmeza na fé, a perseverança no serviço, a constância na oração!

Nossa oração de intercessão pelos injustiçados. *(Rezar um mistério do terço.)*

(Breve momento de silêncio para sua oração pessoal.)

Dirigente: Glória ao Pai, ao Filho e ao Espírito Santo!

Todos: Como era no princípio, agora e sempre. Amém.

Dirigente: Irmãos e irmãs em Jesus Cristo, que nossa alegria de rezarmos juntos seja contagiante e testemunhe nossa pertença comprometida com a vida, a exemplo de Maria. Concluímos este momento na companhia da Mãe de Jesus e nossa. Sigamos com Nossa Senhora, sob a proteção da Santíssima Trindade.

Em nome do Pai e do Filho e do Espírito Santo.

Todos: Amém.

Refrão: Ensina teu povo a rezar, Maria, Mãe de Jesus, que um dia teu povo desperta e na certa vai ver a luz; que um dia teu povo se anima e caminha com teu Jesus.

15º dia

*"Quando, porém, veio a plenitude do tempo,
Deus enviou o seu Filho, nascido de mulher."*
(Gl 3,4)

Dirigente: Estamos reunidos como irmãos para elevar nosso louvor a Deus, o Pai de amor que, pela encarnação de seu Filho no seio de Maria, concedeu à humanidade a salvação eterna. Sigamos o exemplo de nossa querida Mãe e sejamos também discípulos missionários de Jesus Cristo, na graça do Espírito Santo.
Todos: Em nome do Pai e do Filho e do Espírito Santo. Amém.

Com Maria, nosso canto em oração: *(pode ser recitado)*

CUIDA DE MIM, Ó MARIA!
(Pe. Zezinho, scj)

Lá onde moram os anjos,
Lá onde os santos estão,
Santos e anjos e arcanjos,
Na mais perfeita oração.

Eu te imagino, Maria,
Perto do Sol que é Jesus,
A suplicar por teus filhos,
Vergando ao peso da cruz.

Santa Maria,
Quanta alegria
Só de pensar
Que estás orando comigo!

É que o teu brilho
Vem do teu Filho,
Ó Mãe exemplar,
Que o Senhor é contigo!

Por isso eu digo
Todos os dias
Ave, Maria!
Cuida dos meus pensamentos!
Ora comigo, ó Maria!
Cuida dos meus sentimentos!

Em sintonia com Maria

Podemos dirigir nossas preces a Maria. A Mãe da Igreja e nossa Mãe está sempre atenta às necessidades de seus filhos. Confiemo-nos a Nossa Senhora como Jesus. Aquela que acolheu em seu corpo o enviado do Pai garantiu-lhe, juntamente com José, a vida. Ela é a mulher sábia que colheu nos sinais da história o jeito de ser toda de Deus. Não tenhamos medo, contemos com Maria, modelo de virtude, equilíbrio e amor.

Em Maria, a Igreja aprende o jeito de ser comunidade de fé viva e solidária. Nossa comunidade cristã espelha-se em Nossa Senhora para semear a esperança que nos une no amor e faz o Reino de Deus presente aqui na terra.

Ó Mãe querida, guia-nos como um povo de irmãos! Faze com que aprendamos de ti a generosidade em servir, o respeito, a escuta e os valores da vida de teu Filho!

Todos: Mãe amadíssima, faze crescer no mundo o sentido de pertença a uma única grande família, na certeza do vínculo que une a todos, para acudirmos, com espírito fraterno e solidário, a tanta pobreza e inúmeras situações de miséria! Encoraja a firmeza na fé, a perseverança no serviço, a constância na oração!

Nossa oração de intercessão pelos governantes. *(Rezar um mistério do terço.)*

(Breve momento de silêncio para sua oração pessoal.)

Dirigente: Glória ao Pai, ao Filho e ao Espírito Santo!
Todos: Como era no princípio, agora e sempre. Amém.

Dirigente: Irmãos e irmãs em Jesus Cristo, que nossa alegria de rezarmos juntos seja contagiante e testemunhe nossa pertença comprometida com a vida, a exemplo de Maria. Concluímos este momento na companhia da Mãe de Jesus e nossa. Sigamos com Nossa Senhora, sob a proteção da Santíssima Trindade.
Em nome do Pai e do Filho e do Espírito Santo.
Todos: Amém.

Refrão: Ensina teu povo a rezar, Maria, Mãe de Jesus, que um dia teu povo desperta e na certa vai ver a luz; que um dia teu povo se anima e caminha com teu Jesus.

16º dia

"Ao entrarem em casa, viram o menino com Maria, sua mãe, e, prostrando-se, reverenciaram-no."
(Mt 2,11)

Dirigente: Estamos reunidos como irmãos para elevar nosso louvor a Deus, o Pai de amor que, pela encarnação de seu Filho no seio de Maria, concedeu à humanidade a salvação eterna. Sigamos o exemplo de nossa querida Mãe e sejamos também discípulos missionários de Jesus Cristo, na graça do Espírito Santo.

Todos: Em nome do Pai e do Filho e do Espírito Santo. Amém.

Com Maria, nosso canto em oração: *(pode ser recitado)*

MÃE DO GRANDE AMÉM
(Pe. Zezinho, scj)

Aprendemos com teu coração de mãe e mulher
Que é preciso fazer a vontade do Criador,
Que também é preciso fazer o que o Filho disser,
Se quisermos que tenha sucesso a festa do amor.

Sem palavras inúteis, tu sabes dizer
Tudo aquilo que um filho precisa saber
Pra viver como filho de Deus.

Desde aquele Natal em Belém,
Sabes disso melhor que ninguém.

Aprendemos com teu coração sereno e fiel
Que é preciso saber se calar e esperar,
Que também é preciso saber quando não se calar,
Se quisermos viver a verdade sem vacilar.
Que teu povo consiga aprender do teu coração
O valor do silêncio e o poder da oração.
Quando a vida se torna difícil de a gente levar,
Um conselho de mãe põe as coisas no seu lugar.

Em sintonia com Maria

Todo chamado requer uma resposta. Ser escolhida por Deus teria pouco significado se a resposta de prontidão dada por Maria não existisse. Em sua pequenez humana, ela deu o seu "sim" para fazer a vontade de Deus. Sua coragem e fé nos trouxeram Jesus.

Como caminhantes desta vida, estamos sempre aprendendo contigo, ó Mãe querida, a dizer e reafirmar o "sim" a Deus. És nossa mestra e nossa guia no seguimento do teu Filho Jesus. Ensina-nos a acolhê-lo em nosso coração para anunciá-lo com palavras e atitudes! Seja nosso amparo nessa missão, protegendo-nos como filhos e ajudando-nos a confiar, sem temer, no amor de Deus!

Todos: Mãe amadíssima, faze crescer no mundo o sentido de pertença a uma única grande família, na certeza do vínculo que une a todos, para acudirmos, com espírito fraterno e solidário, a tanta pobreza e inúmeras situações de miséria! Encoraja a firmeza na fé, a perseverança no serviço, a constância na oração!

Nossa oração de intercessão pelos amigos e vizinhos. *(Rezar um mistério do terço.)*

(Breve momento de silêncio para sua oração pessoal.)

Dirigente: Glória ao Pai, ao Filho e ao Espírito Santo!

Todos: Como era no princípio, agora e sempre. Amém.

Dirigente: Irmãos e irmãs em Jesus Cristo, que nossa alegria de rezarmos juntos seja contagiante e testemunhe nossa pertença comprometida com a vida, a exemplo de Maria. Concluímos este momento na companhia da Mãe de Jesus e nossa. Sigamos com Nossa Senhora, sob a proteção da Santíssima Trindade.

Em nome do Pai e do Filho e do Espírito Santo.

Todos: Amém.

Refrão: Ensina teu povo a rezar, Maria, Mãe de Jesus, que um dia teu povo desperta e na certa vai ver a luz; que um dia teu povo se anima e caminha com teu Jesus.

17º dia

"Seu pai e sua mãe ficaram admirados com o que diziam a respeito dele."
(Lc 2,33)

Dirigente: Estamos reunidos como irmãos para elevar nosso louvor a Deus, o Pai de amor que, pela encarnação de seu Filho no seio de Maria, concedeu à humanidade a salvação eterna. Sigamos o exemplo de nossa querida Mãe e sejamos também discípulos missionários de Jesus Cristo, na graça do Espírito Santo.

Todos: Em nome do Pai e do Filho e do Espírito Santo. Amém.

Com Maria, nosso canto em oração: *(pode ser recitado)*

CONTEMPLO, Ó MARIA!
(Pe. Zezinho, scj)

Contemplo, ó Maria, o teu coração,
O teu dia a dia
Ao lado do Filho Jesus.
Procuro entender como era viver
Guardando segredo, segredo de mãe.

José partilhava e os dois perguntavam
"O que será do nosso menino?".

E a cada momento dos dois,
Um grande depois trazia uma nova lição.

Hoje quem contempla sou eu,
Também eu querendo entender
O que é viver ao lado do Cristo Jesus,
Procurando entender sua Cruz
Procurando entender sua luz.

Em sintonia com Maria

Todas as pessoas que se sentem vocacionadas reconhecem que Maria é inspiração no seu caminho de discernimento. Nela, buscam o jeito de descobrir a vontade de Deus, de doar-se, de entregar-se, de responder às próprias inquietações no processo de decisão vocacional.

Ajuda-nos, ó Mãe, a escutar com o coração os apelos da vida e a reconhecer o verdadeiro chamado do seguimento de Jesus! Que em ti, ó Maria, encontremos força para perseverar em nossa resposta de amor a Deus!

Todos: Mãe amadíssima, faze crescer no mundo o sentido de pertença a uma única grande família, na certeza do vínculo que une a todos, para acudirmos, com espírito fraterno e solidário, a tanta pobreza e inúmeras situações de miséria! Encoraja a firmeza na fé, a perseverança no serviço, a constância na oração!

Nossa oração de intercessão pelos vocacionados. *(Rezar um mistério do terço.)*

(Breve momento de silêncio para sua oração pessoal.)

Dirigente: Glória ao Pai, ao Filho e ao Espírito Santo!

Todos: Como era no princípio, agora e sempre. Amém.

Dirigente: Irmãos e irmãs em Jesus Cristo, que nossa alegria de rezarmos juntos seja contagiante e testemunhe nossa pertença comprometida com a vida, a exemplo de Maria. Concluímos este momento na companhia da Mãe de Jesus e nossa. Sigamos com Nossa Senhora, sob a proteção da Santíssima Trindade.

Em nome do Pai e do Filho e do Espírito Santo.

Todos: Amém.

Refrão: Ensina teu povo a rezar, Maria, Mãe de Jesus, que um dia teu povo desperta e na certa vai ver a luz; que um dia teu povo se anima e caminha com teu Jesus.

18º dia

"A virgem conceberá e dará à luz um filho, e ele será chamado pelo nome de Emanuel (que traduzido é: Deus conosco)."
(Mt 1,23)

Dirigente: Estamos reunidos como irmãos para elevar nosso louvor a Deus, o Pai de amor que, pela encarnação de seu Filho no seio de Maria, concedeu à humanidade a salvação eterna. Sigamos o exemplo de nossa querida Mãe e sejamos também discípulos missionários de Jesus Cristo, na graça do Espírito Santo.

Todos: Em nome do Pai e do Filho e do Espírito Santo. Amém.

Com Maria, nosso canto em oração: *(pode ser recitado)*

O CANTO DE MARIA DO POVO
(Pe. Zezinho, scj)

Minh'alma dá glórias ao Senhor,
Meu coração bate alegre e feliz.
Olhou para mim com tanto amor
Que me escolheu, me elegeu e me quis.
E, de hoje em diante, eu já posso prever,
Todos os povos vão me bendizer.
O Poderoso lembrou-se de mim,
Santo é seu nome sem fim.

O povo dá glórias ao Senhor,
seu coração bate alegre e feliz.
Maria carrega o Salvador,
porque Deus Pai sempre cumpre o que diz.
E, quando os povos aceitam a lei,
passa de pai para filho seu dom.
Das gerações ele é mais do que rei,
ele é Deus pai, ele é bom.

Em sintonia com Maria

A primeira morada do Filho de Deus na terra foi o seio da jovem de Nazaré. Reconhecendo esse grande dom, Maria transborda o amor que está dentro dela. Torna-se o sacrário vivo que dá glórias ao Senhor. O Poderoso fez maravilhas em sua vida e todas as gerações, assim, hão de chamá-la de bem-aventurada.

Pela tua fé em Deus e teu "sim", ó Maria, todos nós fomos abençoados no cumprimento da promessa da vinda do Salvador! Ó Mãe Santíssima, que a teu exemplo possamos também dar glória e louvor ao Senhor!

Todos: Mãe amadíssima, faze crescer no mundo o sentido de pertença a uma única grande família, na certeza do vínculo que une a todos, para acudirmos, com espírito fraterno e solidário, a tanta pobreza e inúmeras situações de miséria! Encoraja a firmeza na fé, a perseverança no serviço, a constância na oração!

Nossa oração de intercessão pelos comunicadores. *(Rezar um mistério do terço.)*

(Breve momento de silêncio para sua oração pessoal.)

Dirigente: Glória ao Pai, ao Filho e ao Espírito Santo!

Todos: Como era no princípio, agora e sempre. Amém.

Dirigente: Irmãos e irmãs em Jesus Cristo, que nossa alegria de rezarmos juntos seja contagiante e testemunhe nossa pertença comprometida com a vida, a exemplo de Maria. Concluímos este momento na companhia da Mãe de Jesus e nossa. Sigamos com Nossa Senhora, sob a proteção da Santíssima Trindade.

Em nome do Pai e do Filho e do Espírito Santo.

Todos: Amém.

Refrão: Ensina teu povo a rezar, Maria, Mãe de Jesus, que um dia teu povo desperta e na certa vai ver a luz; que um dia teu povo se anima e caminha com teu Jesus.

19º dia

"Fazei o que ele vos disser."
(Jo 2,5)

Dirigente: Estamos reunidos como irmãos para elevar nosso louvor a Deus, o Pai de amor que, pela encarnação de seu Filho no seio de Maria, concedeu à humanidade a salvação eterna. Sigamos o exemplo de nossa querida Mãe e sejamos também discípulos missionários de Jesus Cristo, na graça do Espírito Santo.

Todos: Em nome do Pai e do Filho e do Espírito Santo. Amém.

Com Maria, nosso canto em oração: *(pode ser recitado)*

TODA GRACIOSA, MÃE DO SALVADOR
(Pe. Zezinho, scj)

Toda graciosa, Mãe do Salvador.
Cheia de graça,
Assim disse o Senhor.
Pela voz do anjo,
O céu se pronunciou.
Mãe admirável,
A Igreja proclamou.

Ave, Maria, Santa Maria,
Mãe do Senhor, Mãe do Salvador!

Em sintonia com Maria

A relação de pertencimento faz-nos sentir amparados. É uma experiência que edificamos a cada dia, principalmente, em meio às situações difíceis e desafiadoras do nosso viver. Nesses momentos, não tenhamos medo de recorrer a Maria, porque ela é toda de Deus.

Nada é para Maria; tudo é para Jesus. Sintamo-nos pertencentes a ela e, assim, consagremos a nossa vida.

Mãe graciosa, plena da graça divina, ensina-nos a ser de Deus, estando a serviço dos irmãos!

Todos: Mãe amadíssima, faze crescer no mundo o sentido de pertença a uma única grande família, na certeza do vínculo que une a todos, para acudirmos, com espírito fraterno e solidário, a tanta pobreza e inúmeras situações de miséria! Encoraja a firmeza na fé, a perseverança no serviço, a constância na oração!

Nossa oração de intercessão pelas vítimas da violência. *(Rezar um mistério do terço.)*

(Breve momento de silêncio para sua oração pessoal.)

Dirigente: Glória ao Pai, ao Filho e ao Espírito Santo!
Todos: Como era no princípio, agora e sempre. Amém.
Dirigente: Irmãos e irmãs em Jesus Cristo, que nossa alegria de rezarmos juntos seja contagiante e testemunhe nossa

pertença comprometida com a vida, a exemplo de Maria. Concluímos este momento na companhia da Mãe de Jesus e nossa. Sigamos com Nossa Senhora, sob a proteção da Santíssima Trindade.
Em nome do Pai e do Filho e do Espírito Santo.
Todos: Amém.

Refrão: Ensina teu povo a rezar, Maria, Mãe de Jesus, que um dia teu povo desperta e na certa vai ver a luz; que um dia teu povo se anima e caminha com teu Jesus.

20º dia

"Houve um casamento em Caná da Galileia, e a mãe de Jesus estava ali."
(Jo 2,1)

Dirigente: Estamos reunidos como irmãos para elevar nosso louvor a Deus, o Pai de amor que, pela encarnação de seu Filho no seio de Maria, concedeu à humanidade a salvação eterna. Sigamos o exemplo de nossa querida Mãe e sejamos também discípulos missionários de Jesus Cristo, na graça do Espírito Santo.

Todos: Em nome do Pai e do Filho e do Espírito Santo. Amém.

Com Maria, nosso canto em oração: *(pode ser recitado)*

AVE MARIA DE TANTOS POVOS
(Pe. Zezinho, scj)

Ave Maria de tantos povos,
Ave Maria de tantos nomes,
Ave Maria de Nazaré,
Ave Maria de Aparecida,
Ave Maria dos brasileiros.

Eu vim orar porque sou romeiro.
Eu vim orar porque tenho fé.

Eu vim subir as duas ladeiras,
Atravessar a passarela,
Ajoelhar no Santuário.

Em sintonia com Maria

Nosso amor filial é retratado nas diversas manifestações de carinho a Mãe de Jesus. Podemos chamá-la por vários nomes, mas ela é sempre o nosso consolo e esperança. É assim que a sentimos como filhos devotos.

A tua aparição na singeleza da imagem da Padroeira do Brasil é sinal profético de libertação das algemas físicas, emocionais e espirituais. Clamamos tua intercessão e tua bênção por todos nós, ó Senhora Aparecida!

Todos: Mãe amadíssima, faze crescer no mundo o sentido de pertença a uma única grande família, na certeza do vínculo que une a todos, para acudirmos, com espírito fraterno e solidário, a tanta pobreza e inúmeras situações de miséria! Encoraja a firmeza na fé, a perseverança no serviço, a constância na oração!

Nossa oração de intercessão pelos moradores de rua. *(Rezar um mistério do terço.)*

(Breve momento de silêncio para sua oração pessoal.)

Dirigente: Glória ao Pai, ao Filho e ao Espírito Santo!
Todos: Como era no princípio, agora e sempre. Amém.

Dirigente: Irmãos e irmãs em Jesus Cristo, que nossa alegria de rezarmos juntos seja contagiante e testemunhe nossa pertença comprometida com a vida, a exemplo de Maria. Concluímos este momento na companhia da Mãe de Jesus e nossa. Sigamos com Nossa Senhora, sob a proteção da Santíssima Trindade.
Em nome do Pai e do Filho e do Espírito Santo.
Todos: Amém.

Refrão: Ensina teu povo a rezar, Maria, Mãe de Jesus, que um dia teu povo desperta e na certa vai ver a luz; que um dia teu povo se anima e caminha com teu Jesus.

Maria em nossa vida

A empatia que cultivamos por Maria é sinal de que encontramos nela livre acesso para falar ao seu coração de mãe. Essa proximidade afetuosa é manifestada na acolhida de nossos clamores em lugar seguro e confiável. É assim que compreendemos Maria em nossa vida, uma mulher como todas as outras, enfrentando suas dores e glórias, uma mãe amorosa e uma fervorosa discípula missionária de Jesus.

O canto é uma bela manifestação desse processo de intimidade com Nossa Senhora. Ele não nos fala apenas do "objeto" cantado; é a expressão da confiança, súplica e esperança que depositamos em Maria.

Há poucos textos bíblicos que falam de Maria, porém, são suficientes para cativar em nós a chave de leitura de uma vida conduzida por Deus, no Espírito que anima o seguimento de seu Filho Jesus. Títulos marianos relativos à maternidade, ao amparo, ao lugar da aparição são formas de nos aproximar da Mãe de Jesus.

Dessa forma, Maria se torna companheira de caminhada, sendo discreta e sempre pronta para levar-nos a Jesus. Nada dela é para si mesma. É a compadecida das dores do povo, assim como seu refúgio e proteção. É a boa Mãe que nos acolhe em seus braços amorosos, a Rainha dos Apóstolos que nos dá seu Filho. Assim é Maria em nossa vida: garantia de que, junto dela, estamos sempre com Jesus.

21º dia

"E sua mãe lhe disse: 'Filho, por que agiste assim conosco? Teu pai e eu te procurávamos angustiadamente'."
(Lc 2,48)

Dirigente: Irmãs e irmãos, este momento de graça nos une a Nossa Senhora para que elevemos nosso louvor a Deus. Com o coração voltado ao Senhor, rezemos nossas alegrias e sofrimentos, nossas preces de gratidão e clamor à misericórdia divina.

Todos: Em nome do Pai e do Filho e do Espírito Santo. Amém.

Com Maria, nosso canto em oração: *(pode ser recitado)*

MARIA DE MINHA INFÂNCIA
(Pe. Zezinho, scj)

Eu era pequeno, nem me lembro,
Só lembro que à noite, ao pé da cama,
Juntava as mãozinhas e rezava, apressado,
Mas rezava como alguém que ama.

Nas Ave-Marias que eu rezava,
Eu sempre engolia umas palavras
E, muito cansado, acabava dormindo,
Mas dormia como quem amava.

Ave Maria, Mãe de Jesus,
O tempo passa, não volta mais.
Tenho saudade daquele tempo
Que eu te chamava de minha mãe.

Ave Maria, Mãe de Jesus. (2x)

Em sintonia com Maria

Quem não tem saudade do aconchego materno? O colo de mãe é passageiro. Toda mãe sabe que o filho cresce. E todo filho sabe que tem colo de mãe garantido, quando a este precisar voltar.

Maria é a face materna de Deus. Sua ternura de mãe nos consola, principalmente, nos momentos mais difíceis da vida. Olhando para ela, identificamos melhor as nossas necessidades e fragilidades pessoais. Aprendemos de seu testemunho de fé a acolher a grandiosidade da ação amorosa de Deus.

A ti recorremos com fé, querida Mãe Maria.

Todos: Ajuda, ó Mãe, a nossa fé! Abre nosso ouvido à Palavra, para reconhecermos a voz de Deus e a sua chamada! Ajuda a deixar-nos tocar pelo seu amor, para podermos tocá-lo com a fé! Ajuda a confiar-nos plenamente a ele, a crer no seu amor, sobretudo nos momentos de tribulação e cruz, quando nossa fé é chamada a amadurecer![1]

---

[1] Disponível em: <https://www.vatican.va/content/francesco/pt/prayers/documents/papa-francesco_preghiere_20130629_maria-lumen-fidei.html>.

Nossa oração de intercessão pelas crianças. *(Rezar um mistério do terço.)*

(Breve momento de silêncio para sua oração pessoal.)

Dirigente: Glória ao Pai, ao Filho e ao Espírito Santo!

Todos: Como era no princípio, agora e sempre. Amém.

Dirigente: Irmãos e irmãs em Jesus Cristo, que nossa alegria de rezarmos juntos seja contagiante e testemunhe nossa pertença comprometida com a vida, a exemplo de Maria. Concluímos este momento na companhia da Mãe de Jesus e nossa. Sigamos com Nossa Senhora, sob a proteção da Santíssima Trindade.

Em nome do Pai e do Filho e do Espírito Santo.

Todos: Amém.

Refrão: Nossa Senhora das milhões de luzes que meu povo acende para te louvar. Iluminada, iluminadora, inspiradora de quem quer amar e andar com Jesus. (4x)

22º dia

> *"Não é este o artesão, o filho de Maria, irmão de Tiago, Joset, Judas e Simão?"*
> (Mc 6,3)

Dirigente: Irmãs e irmãos, este momento de graça nos une a Nossa Senhora para que elevemos nosso louvor a Deus. Com o coração voltado ao Senhor, rezemos nossas alegrias e sofrimentos, nossas preces de gratidão e clamor à misericórdia divina.

Todos: Em nome do Pai e do Filho e do Espírito Santo. Amém.

Com Maria, nosso canto em oração: *(pode ser recitado)*

MÃE DO CÉU MORENA
(Pe. Zezinho, scj)

Mãe do Céu morena,
Senhora da América Latina,
De olhar e caridade tão divina,
De cor igual à cor de tantas raças.

Virgem tão serena,
Senhora destes povos tão sofridos,
Patrona dos pequenos e oprimidos,
Derrama sobre nós as tuas graças!

Derrama sobre os jovens tua luz,
Aos pobres vem mostrar o teu Jesus,
Ao mundo inteiro traz o teu amor de mãe!
Ensina quem tem tudo a partilhar,
Ensina quem tem pouco a não cansar
E faz o nosso povo caminhar em paz!

Em sintonia com Maria

É consolador saber que, no percurso da vida, podemos contar com a presença carinhosa de Maria. Sua proximidade a nossa história transmite-nos paz e segurança. Nossa companheira de estrada ajuda-nos a superar o desânimo e o medo.

Nossa Senhora é presença sensível na vida do povo. Sua presença é expressão da força do amor que torna todo discípulo de Jesus um missionário comprometido com a missão recebida.

Caminha sempre conosco, ó Mãe!

Todos: Ajuda, ó Mãe, a nossa fé! Abre nosso ouvido à Palavra, para reconhecermos a voz de Deus e a sua chamada! Ajuda a deixar-nos tocar pelo seu amor, para podermos tocá-lo com a fé! Ajuda a confiar-nos plenamente a ele, a crer no seu amor, sobretudo nos momentos de tribulação e cruz, quando nossa fé é chamada a amadurecer!

Nossa oração de intercessão pelos missionários. *(Rezar um mistério do terço.)*

(Breve momento de silêncio para sua oração pessoal.)

Dirigente: Glória ao Pai, ao Filho e ao Espírito Santo!
Todos: Como era no princípio, agora e sempre. Amém.
Dirigente: Irmãos e irmãs em Jesus Cristo, que nossa alegria de rezarmos juntos seja contagiante e testemunhe nossa pertença comprometida com a vida, a exemplo de Maria. Concluímos este momento na companhia da Mãe de Jesus e nossa. Sigamos com Nossa Senhora, sob a proteção da Santíssima Trindade.

Em nome do Pai e do Filho e do Espírito Santo.
Todos: Amém.

Refrão: Nossa Senhora das milhões de luzes que meu povo acende para te louvar. Iluminada, iluminadora, inspiradora de quem quer amar e andar com Jesus. (4x)

23º dia

*"Não temas, Maria,
pois encontraste graça diante de Deus."*

(Lc 1,30)

Dirigente: Irmãs e irmãos, este momento de graça nos une a Nossa Senhora para que elevemos nosso louvor a Deus. Com o coração voltado ao Senhor, rezemos nossas alegrias e sofrimentos, nossas preces de gratidão e clamor à misericórdia divina.

Todos: Em nome do Pai e do Filho e do Espírito Santo. Amém.

Com Maria, nosso canto em oração: *(pode ser recitado)*

SE ÉS A MINHA MÃE
(Pe. Zezinho, scj)

Se és quem eu acredito que tu és: mãe de Jesus, e ele é Deus.
Se estás onde acredito que estás: na vida eterna luz,
vivendo aí no céu.
Se vês o que acontece nesta vida,
então tu vês também meu coração;
se podes influir na minha vida,
então influi porque eu preciso de oração!

Se és a minha mãe, então me escutarás.
Se és a mãe de Deus, então me ajudarás.

Se tinhas tanta graça e tanto amor no teu viver,
então me dá um pouco deste amor!
Eu não consigo me converter...

Em sintonia com Maria

Aprender é um verbo-chave na dinâmica da vida e não se restringe a nossa dimensão cognitiva. Tudo o que acontece pode ser ocasião de colhermos um ensinamento. Maria é mestra em nos ensinar o caminho que conduz a Jesus. Sua vida transmite o cultivo da fé operosa, do silêncio que discerne, da eficácia transformadora de suas poucas palavras. Aprendamos de Maria a confiança em Deus e o seu serviço generoso dedicado a Jesus e a sua Igreja.

Ó Nossa Senhora, ensina-nos a transformar o "sim" a Deus em atitudes concretas de amor, através da atenção, do cuidado e do serviço aos irmãos!

Todos: Ajuda, ó Mãe, a nossa fé! Abre nosso ouvido à Palavra, para reconhecermos a voz de Deus e a sua chamada! Ajuda a deixar-nos tocar pelo seu amor, para podermos tocá-lo com a fé! Ajuda a confiar-nos plenamente a ele, a crer no seu amor, sobretudo nos momentos de tribulação e cruz, quando nossa fé é chamada a amadurecer!

Nossa oração de intercessão pelos pais. *(Rezar um mistério do terço.)*

(Breve momento de silêncio para sua oração pessoal.)

Dirigente: Glória ao Pai, ao Filho e ao Espírito Santo!
Todos: Como era no princípio, agora e sempre. Amém.

Dirigente: Irmãos e irmãs em Jesus Cristo, que nossa alegria de rezarmos juntos seja contagiante e testemunhe nossa pertença comprometida com a vida, a exemplo de Maria. Concluímos este momento na companhia da Mãe de Jesus e nossa. Sigamos com Nossa Senhora, sob a proteção da Santíssima Trindade.

Em nome do Pai e do Filho e do Espírito Santo.
Todos: Amém.

Refrão: Nossa Senhora das milhões de luzes que meu povo acende para te louvar. Iluminada, iluminadora, inspiradora de quem quer amar e andar com Jesus. (4x)

24º dia

> *"Que isso importa a mim e a ti, mulher?*
> *Ainda não chegou minha hora."*
> (Jo 2,4)

Dirigente: Irmãs e irmãos, este momento de graça nos une a Nossa Senhora para que elevemos nosso louvor a Deus. Com o coração voltado ao Senhor, rezemos nossas alegrias e sofrimentos, nossas preces de gratidão e clamor à misericórdia divina.

Todos: Em nome do Pai e do Filho e do Espírito Santo. Amém.

Com Maria, nosso canto em oração: *(pode ser recitado)*

CANTIGA MARIANA
(Pe. Zezinho, scj)

Ensina teu povo a rezar,
Maria, Mãe de Jesus,
Que um dia teu povo desperta
E na certa vai ver a luz;
Que um dia teu povo
Se anima e caminha com teu Jesus.

Em sintonia com Maria

Existem variadas formas de rezar, e são muitas as expressões escritas que nos ajudam nos momentos de intimidade com Deus. Contudo, rezar se aprende rezando. É um exercício contínuo de colocar-nos diante do Pai e experimentar o seu amor. Temos, em Maria, um modelo de mulher orante, em sintonia com Deus e com o povo.

A oração da Mãe de Jesus deve ser inspiração para nossa vida de fé.

Reza conosco, Maria! Não nos deixes adormecidos, ignorando as realidades e clamores do povo. Tua oração é de comunhão, para mostrar o teu Filho Jesus. Que tenhamos os olhos fixos nele. Ajuda-nos a viver sob a luz de Jesus!

Todos: Ajuda, ó Mãe, a nossa fé! Abre nosso ouvido à Palavra, para reconhecermos a voz de Deus e a sua chamada! Ajuda a deixar-nos tocar pelo seu amor, para podermos tocá-lo com a fé! Ajuda a confiar-nos plenamente a ele, a crer no seu amor, sobretudo nos momentos de tribulação e cruz, quando nossa fé é chamada a amadurecer!

Nossa oração de intercessão pelos avós. *(Rezar um mistério do terço.)*

(Breve momento de silêncio para sua oração pessoal.)

Dirigente: Glória ao Pai, ao Filho e ao Espírito Santo!

Todos: Como era no princípio, agora e sempre. Amém.

Dirigente: Irmãos e irmãs em Jesus Cristo, que nossa alegria de rezarmos juntos seja contagiante e testemunhe nossa

pertença comprometida com a vida, a exemplo de Maria. Concluímos este momento na companhia da Mãe de Jesus e nossa. Sigamos com Nossa Senhora, sob a proteção da Santíssima Trindade.

Em nome do Pai e do Filho e do Espírito Santo.

Todos: Amém.

Refrão: Nossa Senhora das milhões de luzes que meu povo acende para te louvar. Iluminada, iluminadora, inspiradora de quem quer amar e andar com Jesus. (4x)

25º dia

"Naqueles dias, Maria partiu sem demora para uma cidade na região montanhosa de Judá."
(Lc 1,39)

Dirigente: Irmãs e irmãos, este momento de graça nos une a Nossa Senhora para que elevemos nosso louvor a Deus. Com o coração voltado ao Senhor, rezemos nossas alegrias e sofrimentos, nossas preces de gratidão e clamor à misericórdia divina.
Todos: Em nome do Pai e do Filho e do Espírito Santo. Amém.

Com Maria, nosso canto em oração: *(pode ser recitado)*
FOI MARIA QUE ME ENSINOU
(Pe. Zezinho, scj)

Foi Maria de Nazaré que me ensinou
O segredo que mudou o rumo do meu coração.
Eu vivia dizendo não, e Maria me convenceu
Que, pra gente se realizar, é preciso fazer o que ele mandar.

Foi Maria de Nazaré que me ensinou
O segredo que mudou o pique do meu coração.
Eu vivia sem me preparar, e Maria me segredou
Que, pra festa não se acabar, é preciso fazer o que ele mandar.

Em sintonia com Maria

Maria é modelo da vocação cristã. Sua fé em Deus foi aprendida em família, experimentada na comunidade, comprovada na acolhida do anúncio do anjo Gabriel, exercitada na visita a Isabel e provada no seguimento de seu Filho. Nas poucas passagens do Evangelho sobre Maria, é possível traçar esse itinerário de fé. Ela é próxima, íntima de Jesus e de nós.

De ti, ó Mãe, aprendemos a guardar no coração os acontecimentos da vida.

Todos: Ajuda, ó Mãe, a nossa fé! Abre nosso ouvido à Palavra, para reconhecermos a voz de Deus e a sua chamada! Ajuda a deixar-nos tocar pelo seu amor, para podermos tocá-lo com a fé! Ajuda a confiar-nos plenamente a ele, a crer no seu amor, sobretudo nos momentos de tribulação e cruz, quando nossa fé é chamada a amadurecer!

Nossa oração de intercessão pelos filhos. *(Rezar um mistério do terço.)*

(Breve momento de silêncio para sua oração pessoal.)

Dirigente: Glória ao Pai, ao Filho e ao Espírito Santo!

Todos: Como era no princípio, agora e sempre. Amém.

Dirigente: Irmãos e irmãs em Jesus Cristo, que nossa alegria de rezarmos juntos seja contagiante e testemunhe nossa

pertença comprometida com a vida, a exemplo de Maria. Concluímos este momento na companhia da Mãe de Jesus e nossa. Sigamos com Nossa Senhora, sob a proteção da Santíssima Trindade.
Em nome do Pai e do Filho e do Espírito Santo.
Todos: Amém.

Refrão: Nossa Senhora das milhões de luzes que meu povo acende para te louvar. Iluminada, iluminadora, inspiradora de quem quer amar e andar com Jesus. (4x)

26º dia

"Alegra-te, cheia de graça, o Senhor está contigo!"
(Lc 1,28)

Dirigente: Irmãs e irmãos, este momento de graça nos une a Nossa Senhora para que elevemos nosso louvor a Deus. Com o coração voltado ao Senhor, rezemos nossas alegrias e sofrimentos, nossas preces de gratidão e clamor à misericórdia divina.

Todos: Em nome do Pai e do Filho e do Espírito Santo. Amém.

Com Maria, nosso canto em oração: *(pode ser recitado)*

SENHORA E RAINHA
(Pe. Zezinho, scj)

O povo te chama de Nossa Senhora
Por causa de Nosso Senhor.
O povo te chama de Mãe e Rainha
Porque Jesus Cristo é o Rei do céu.

E por não te ver como desejaria
Te ver com os olhos da fé,
Por isso, ele coroa a tua imagem, Maria,
Por seres a mãe de Jesus,
Por seres a mãe de Jesus de Nazaré.

Como é bonita uma religião que se lembra da mãe de Jesus!
Mais bonito é saber quem tu és.
Não és deusa, não és mais que Deus,
Mas, depois de Jesus, o Senhor,
Neste mundo ninguém foi maior.

Em sintonia com Maria

Não devemos pensar que o título de rainha dirigido a Maria é similar ao da nobreza terrena. Esse título, como os outros, faz referência imediata ao seu Filho Jesus. A realeza de Maria também se dá na dimensão do serviço e do cuidado para com a Igreja. Por isso, todo devoto de Nossa Senhora sabe que a ela pode recorrer e encontrar carinho acolhedor de mãe.

A vida de Nossa Senhora foi o amor concretizado no "sim" ao projeto de Deus, no cuidado para com Jesus em sua missão e para com toda a Igreja.

Que saibamos, ó Mãe, viver e anunciar o Evangelho de teu Filho Jesus!

Todos: Ajuda, ó Mãe, a nossa fé! Abre nosso ouvido à Palavra, para reconhecermos a voz de Deus e a sua chamada! Ajuda a deixar-nos tocar pelo seu amor, para podermos tocá-lo com a fé! Ajuda a confiar-nos plenamente a ele, a crer no seu amor, sobretudo nos momentos de tribulação e cruz, quando nossa fé é chamada a amadurecer!

Nossa oração de intercessão pelos artistas. *(Rezar um mistério do terço.)*

(Breve momento de silêncio para sua oração pessoal.)

Dirigente: Glória ao Pai, ao Filho e ao Espírito Santo!

Todos: Como era no princípio, agora e sempre. Amém.

Dirigente: Irmãos e irmãs em Jesus Cristo, que nossa alegria de rezarmos juntos seja contagiante e testemunhe nossa pertença comprometida com a vida, a exemplo de Maria. Concluímos este momento na companhia da Mãe de Jesus e nossa. Sigamos com Nossa Senhora, sob a proteção da Santíssima Trindade.

Em nome do Pai e do Filho e do Espírito Santo.

Todos: Amém.

Refrão: Nossa Senhora das milhões de luzes que meu povo acende para te louvar. Iluminada, iluminadora, inspiradora de quem quer amar e andar com Jesus. (4x)

27º dia

"Sua mãe guardava tudo isso em seu coração."
(Lc 2,52b)

Dirigente: Irmãs e irmãos, este momento de graça nos une a Nossa Senhora para que elevemos nosso louvor a Deus. Com o coração voltado ao Senhor, rezemos nossas alegrias e sofrimentos, nossas preces de gratidão e clamor à misericórdia divina.

Todos: Em nome do Pai e do Filho e do Espírito Santo. Amém.

Com Maria, nosso canto em oração: *(pode ser recitado)*

MATER DOLOROSA
(Pe. Zezinho, scj)

Tu que, ao sangue do teu Filho, mistura tuas lágrimas.
Tu que, sem perder teu brilho, sufoca tuas mágoas.

Tu que tens teu Filho morto nos teus braços de mulher,
Ora pelas mães! Ora pelas mães!

Pelas mães dos assassinos,
Pelas mães dos que morreram.
Todas elas vestem luto,
Pois morreram com o filho.

Ora pelas mães que estão sem paz,
Pois nelas a violência dói bem mais.
Ora pelas mães que estão sem paz,
Pois nelas a violência dói bem mais.

Em sintonia com Maria

Os rostos desfigurados pela miséria e violência revelam o luto escondido na história de cada um; são tantas dores e sofrimentos atingindo a vida, as histórias e as pessoas!

E tu, Mãe Santíssima, que experimentaste a "espada de dor transpassando o teu coração", pela perda do teu Filho na cruz, compadece-te das dores do mundo e de todos que clamam a tua proteção! Reza conosco, ó Mãe! Suplica ao Senhor para que tenhamos um coração atento às necessidades do mundo. A paz é o grande clamor que todos devemos fazer. Comprometamo-nos com a vida para superar todo tipo de violência. Amém.

Todos: Ajuda, ó Mãe, a nossa fé! Abre nosso ouvido à Palavra, para reconhecermos a voz de Deus e a sua chamada! Ajuda a deixar-nos tocar pelo seu amor, para podermos tocá-lo com a fé! Ajuda a confiar-nos plenamente a ele, a crer no seu amor, sobretudo nos momentos de tribulação e cruz, quando nossa fé é chamada a amadurecer!

Nossa oração de intercessão pela paz no mundo. *(Rezar um mistério do terço.)*

(Breve momento de silêncio para sua oração pessoal.)

Dirigente: Glória ao Pai, ao Filho e ao Espírito Santo!

Todos: Como era no princípio, agora e sempre. Amém.

Dirigente: Irmãos e irmãs em Jesus Cristo, que nossa alegria de rezarmos juntos seja contagiante e testemunhe nossa pertença comprometida com a vida, a exemplo de Maria. Concluímos este momento na companhia da Mãe de Jesus e nossa. Sigamos com Nossa Senhora, sob a proteção da Santíssima Trindade.

Em nome do Pai e do Filho e do Espírito Santo.

Todos: Amém.

Refrão: Nossa Senhora das milhões de luzes que meu povo acende para te louvar. Iluminada, iluminadora, inspiradora de quem quer amar e andar com Jesus. (4x)

28º dia

"Foram às pressas e encontraram Maria, José e o recém-nascido deitado na manjedoura."
(Lc 2,16)

Dirigente: Irmãs e irmãos, este momento de graça nos une a Nossa Senhora para que elevemos nosso louvor a Deus. Com o coração voltado ao Senhor, rezemos nossas alegrias e sofrimentos, nossas preces de gratidão e clamor à misericórdia divina.

Todos: Em nome do Pai e do Filho e do Espírito Santo. Amém.

Com Maria, nosso canto em oração: *(pode ser recitado)*

MARIA DE NAZARÉ
(Pe. Zezinho, scj)

Maria de Nazaré, Maria me cativou,
Fez mais forte a minha fé
E por filho me adotou.

Às vezes eu paro e fico a pensar
E sem perceber me vejo a rezar
E meu coração se põe a cantar
Pra Virgem de Nazaré.

Menina que Deus amou e escolheu
Pra mãe de Jesus, o Filho de Deus,

Maria que o povo inteiro elegeu
Senhora e Mãe do Céu.

Ave Maria, Ave Maria, Ave Maria, Mãe de Jesus.

Em sintonia com Maria

A simplicidade dessa canção espelha a singeleza de nossa devoção mariana. Nos fatos cotidianos, temos uma catequese ensinada na melodia fácil e atraente cantada a Mãe de Jesus. A fé mais forte, pensada, refletida, rezada no coração, encontra em Maria a sintonia exata para apresentar-nos a Jesus. Nada em Maria é para si mesma. Ela nos indica sempre o seu Filho.

Maria, tu que compreendeste o amor de Deus pela humanidade, cativa os nossos sentidos para acolher Jesus em nossa vida! Que nossa fé cristã nos torne promotores da paz e do amor fraterno!

Todos: Ajuda, ó Mãe, a nossa fé! Abre nosso ouvido à Palavra, para reconhecermos a voz de Deus e a sua chamada! Ajuda a deixar-nos tocar pelo seu amor, para podermos tocá-lo com a fé! Ajuda a confiar-nos plenamente a ele, a crer no seu amor, sobretudo nos momentos de tribulação e cruz, quando nossa fé é chamada a amadurecer!

Nossa oração de intercessão pelos cristãos perseguidos.
(Rezar um mistério do terço.)

(Breve momento de silêncio para sua oração pessoal.)

Dirigente: Glória ao Pai, ao Filho e ao Espírito Santo!

Todos: Como era no princípio, agora e sempre. Amém.

Dirigente: Irmãos e irmãs em Jesus Cristo, que nossa alegria de rezarmos juntos seja contagiante e testemunhe nossa pertença comprometida com a vida, a exemplo de Maria. Concluímos este momento na companhia da Mãe de Jesus e nossa. Sigamos com Nossa Senhora, sob a proteção da Santíssima Trindade.

Em nome do Pai e do Filho e do Espírito Santo.

Todos: Amém.

Refrão: Nossa Senhora das milhões de luzes que meu povo acende para te louvar. Iluminada, iluminadora, inspiradora de quem quer amar e andar com Jesus. (4x)

29º dia

"A mãe de Jesus lhe disse: 'Eles não têm vinho'."
(Jo 2,3)

Dirigente: Irmãs e irmãos, este momento de graça nos une a Nossa Senhora para que elevemos nosso louvor a Deus. Com o coração voltado ao Senhor, rezemos nossas alegrias e sofrimentos, nossas preces de gratidão e clamor à misericórdia divina.
Todos: Em nome do Pai e do Filho e do Espírito Santo. Amém.

Com Maria, nosso canto em oração: *(pode ser recitado)*

INTERCESSORA
(Pe. Zezinho, scj)

Lá onde estás,
Lá no céu com Jesus,
Lá certamente se ora.
Lá onde há paz,
Paz de Deus,
Paz e luz,
Lá certamente, ó Senhora,
Lá certamente se ora por nós pecadores.

Então, ó Mãe, que és tão cheia de luz,
Tu que entendes bem mais de Jesus,

Tu que sabes o quanto eu preciso da graça de Deus,
Ora por mim
E pelos meus,
Ora por nós,
Ora por nós lá no céu!

Santa Maria,
Santa Maria,
Teu Filho Jesus é meu intercessor.

Mas eu sei que levar ao teu Filho,
Não, ninguém, ninguém leva melhor.

Em sintonia com Maria

Sabemos de nossa transitoriedade terrena. O cristão crê na ressurreição, na vida nova em Cristo Jesus. Nossa devoção popular indica que na glória eterna se encontra Maria. Ela viveu a experiência profunda de fé com entrega total de si mesma, em atitude constante de confiança. Essa projeção esperançosa é um alento para quem caminha. No olhar de Maria, encontraremos a esperança, a teimosa insistência da fé, a plena confiança no amor de Deus. Portanto, a vida eterna é o sentido último de nossa existência.

Ensina-nos, ó Mãe querida, a enfrentar as dores da vida com resignação e que, ao deparar-nos com a morte, tenhamos a certeza do amor infinito de Deus que permanece na ressurreição para a vida nova!

Todos: Ajuda, ó Mãe, a nossa fé! Abre nosso ouvido à Palavra, para reconhecermos a voz de Deus e a sua chamada! Ajuda a deixar-nos tocar pelo seu amor, para podermos tocá-lo com a fé! Ajuda a confiar-nos plenamente a ele, a crer no seu amor, sobretudo nos momentos de tribulação e cruz, quando nossa fé é chamada a amadurecer!

Nossa oração de intercessão pelos falecidos. *(Rezar um mistério do terço.)*

(Breve momento de silêncio para sua oração pessoal.)

Dirigente: Glória ao Pai, ao Filho e ao Espírito Santo!

Todos: Como era no princípio, agora e sempre. Amém.

Dirigente: Irmãos e irmãs em Jesus Cristo, que nossa alegria de rezarmos juntos seja contagiante e testemunhe nossa pertença comprometida com a vida, a exemplo de Maria. Concluímos este momento na companhia da Mãe de Jesus e nossa. Sigamos com Nossa Senhora, sob a proteção da Santíssima Trindade.

Em nome do Pai e do Filho e do Espírito Santo.

Todos: Amém.

Refrão: Nossa Senhora das milhões de luzes que meu povo acende para te louvar. Iluminada, iluminadora, inspiradora de quem quer amar e andar com Jesus. (4x)

30º dia

> *"Mulher, eis teu filho."*
> (Jo 1,26b)

Dirigente: Irmãs e irmãos, este momento de graça nos une a Nossa Senhora para que elevemos nosso louvor a Deus. Com o coração voltado ao Senhor, rezemos nossas alegrias e sofrimentos, nossas preces de gratidão e clamor à misericórdia divina.

Todos: Em nome do Pai e do Filho e do Espírito Santo. Amém.

Com Maria, nosso canto em oração: *(pode ser recitado)*

ORA POR MIM, Ó MÃE!
(Pe. Zezinho, scj)

Ora por mim, que eu não sei.
Cuida de mim, que eu não sei me cuidar.
Mais de mil vezes errei, eu sei,
E posso voltar a pecar.

Cuida de mim, ó Maria,
Ora por mim lá no céu!
Sabes orar muito mais do que eu.
Ora por mim, então,
Por minha conversão!

Em sintonia com Maria

A consciência de nossa finitude e interdependência favorece a nossa comunhão entre irmãos, elimina nosso orgulho pessoal e nos transforma em necessitados uns dos outros. Quando nos reconhecemos nessa situação, abrimos espaço para Deus se fazer presente em nossa vida.

Ó Maria, tu que recebeste a Palavra divina em teu próprio ser, cuida de nós e de nossas famílias. Que a contínua conversão seja uma busca sincera em nossa vida e que teu gesto protetor preserve-nos no caminho de Deus!

Todos: Ajuda, ó Mãe, a nossa fé! Abre nosso ouvido à Palavra, para reconhecermos a voz de Deus e a sua chamada! Ajuda a deixar-nos tocar pelo seu amor, para podermos tocá-lo com a fé! Ajuda a confiar-nos plenamente a ele, a crer no seu amor, sobretudo nos momentos de tribulação e cruz, quando nossa fé é chamada a amadurecer!

Nossa oração de intercessão por toda a Igreja. *(Rezar um mistério do terço.)*

(Breve momento de silêncio para sua oração pessoal.)

Dirigente: Glória ao Pai, ao Filho e ao Espírito Santo!
Todos: Como era no princípio, agora e sempre. Amém.
Dirigente: Irmãos e irmãs em Jesus Cristo, que nossa alegria de rezarmos juntos seja contagiante e testemunhe nossa

pertença comprometida com a vida, a exemplo de Maria. Concluímos este momento na companhia da Mãe de Jesus e nossa. Sigamos com Nossa Senhora, sob a proteção da Santíssima Trindade.
Em nome do Pai e do Filho e do Espírito Santo.
Todos: Amém.

Refrão: Nossa Senhora das milhões de luzes que meu povo acende para te louvar. Iluminada, iluminadora, inspiradora de quem quer amar e andar com Jesus. (4x)

31º dia

Celebração de coroação de Nossa Senhora

Dirigente: Com cantos, expressamos nosso carinho e devoção a Nossa Senhora. Com hinos, em preces melodiosas, junto com Maria, louvamos o Senhor. Assim, rezamos por trinta dias renovando nossa devoção mariana como comunidade viva que caminha na história.

Maria também elevou sua voz num hino de gratidão e reconhecimento das maravilhas de Deus. Rezemos com ela o *Magnificat*:

Leitor 1: Proclama minha alma a grandeza do Senhor, alegra-se meu espírito em Deus, meu Salvador, que considerou a humildade de sua serva.

Leitor 2: A partir de agora, todas as gerações me chamarão bem-aventurada, porque o Poderoso fez coisas grandiosas para mim.

Leitor 1: Santo é seu nome, e sua misericórdia, de geração em geração, é para aqueles que o temem.

Leitor 2: Ele realizou proezas com seu braço: dispersou os planos dos soberbos, derrubou do trono os poderosos e elevou os humildes, cumulou de bens os famintos e despediu vazios os ricos.

Leitor 1: Auxiliou Israel, seu servo, tendo se lembrado da misericórdia, como prometera a nossos pais, em favor de Abraão e de sua descendência, para sempre.

Dirigente: No gesto simbólico da coroação, demonstremos a querida Mãe e Rainha nossa devoção, carinho e amor filial.

SENHORA E RAINHA
(Pe. Zezinho, scj)

O povo te chama de Nossa Senhora
Por causa de Nosso Senhor.
O povo te chama de Mãe e Rainha
Porque Jesus Cristo é o Rei do céu.

E por não te ver como desejaria,
Te ver com os olhos da fé,
Por isso, ele coroa a tua imagem, Maria,
Por seres a mãe de Jesus,
Por seres a mãe de Jesus de Nazaré.

Como é bonita uma religião que se lembra da mãe de Jesus!
Mais bonito é saber quem tu és.
Não és deusa, não és mais que Deus,
Mas, depois de Jesus, o Senhor,
Neste mundo ninguém foi maior.

Aquele que lê a palavra divina,
Por causa de Nosso Senhor,
Já sabe que o livro de Deus nos ensina
Que só Jesus Cristo é o intercessor.

Porém, se podemos orar pelos outros,
A mãe de Jesus pode mais.
Por isso te pedimos em prece, ó Maria,
Que leves o povo a Jesus,
Porque de levar a Jesus, entendes mais.

Como é bonita uma religião que se lembra da mãe de Jesus!
Mais bonito é saber quem tu és:
Não és deusa, não és mais que Deus.
Mas, depois de Jesus, o Senhor,
Neste mundo ninguém foi maior.

Pai-Nosso e Ave-Maria

Oração de despedida

Dirigente: Irmãos e irmãs em Jesus Cristo, que nossa alegria de rezarmos juntos seja contagiante e testemunhe nossa pertença comprometida com a vida, a exemplo de Maria. Concluímos este momento na companhia da Mãe de Jesus e nossa. Sigamos com Nossa Senhora, sob a proteção da Santíssima Trindade.

Em nome do Pai e do Filho e do Espírito Santo.

Todos: Amém.

MARIA DE NAZARÉ
(Pe. Zezinho, scj)

Maria de Nazaré, Maria me cativou,
Fez mais forte a minha fé
E por filho me adotou.

Às vezes eu paro e fico a pensar
E sem perceber me vejo a rezar
E meu coração se põe a cantar
Pra Virgem de Nazaré.

Menina que Deus amou e escolheu
Pra mãe de Jesus, o Filho de Deus,
Maria que o povo inteiro elegeu
Senhora e Mãe do Céu.

Ave Maria, Ave Maria, Ave Maria, Mãe de Jesus!

Orações do Cristão

Sinal da cruz

Pelo sinal da Santa Cruz, livrai-nos, Deus, nosso Senhor, dos nossos inimigos. Em nome do Pai, do Filho e do Espírito Santo. Amém.

Pai-Nosso

Pai nosso que estais nos céus, santificado seja o vosso nome, venha a nós o vosso Reino, seja feita a vossa vontade, assim na terra como no céu; o pão nosso de cada dia nos dai hoje, perdoai-nos as nossas ofensas, assim como nós perdoamos a quem nos tem ofendido, e não nos deixeis cair em tentação, mas livrai-nos do mal. Amém.

Ave-Maria

Ave, Maria, cheia de graça, o Senhor é convosco; bendita sois vós entre as mulheres e bendito é o fruto do vosso ventre, Jesus. Santa Maria, Mãe de Deus, rogai por nós pecadores, agora e na hora de nossa morte. Amém.

Glória

Glória ao Pai, ao Filho e ao Espírito Santo. Como era no princípio, agora e sempre. Amém.

Salve-Rainha

Salve, Rainha, Mãe de misericórdia, vida, doçura, esperança nossa, salve! A vós bradamos os degredados filhos de Eva, a vós suspiramos, gemendo e chorando neste vale de lágrimas. Eia, pois, Advogada nossa, esses vossos olhos misericordiosos a nós volvei, e depois deste desterro mostrai-nos Jesus, bendito fruto do vosso ventre, ó clemente, ó piedosa, ó doce sempre Virgem Maria. Rogai por nós, Santa Mãe de Deus! Para que sejamos dignos das promessas de Cristo.

Anjo da Guarda

Santo Anjo do Senhor, meu zeloso guardador, já que a ti me confiou a piedade divina, sempre me rege, guarde, governe e ilumine. Amém.

Angelus

O Anjo do Senhor anunciou a Maria.
– E ela concebeu do Espírito Santo.
Ave, Maria...
Eis aqui a serva do Senhor.
– Faça-se em mim segundo a vossa palavra.
Ave, Maria...
E o Verbo se fez homem.
– E habitou entre nós.
Ave, Maria...
– *Rogai por nós, Santa Mãe de Deus...*
– Para que sejamos dignos das promessas de Cristo.
Oremos: Infundi, Senhor, em nossos corações a vossa graça, a fim de que, conhecendo pelo anúncio do Anjo a encarnação

de Jesus Cristo, vosso Filho, cheguemos pela sua paixão e morte à glória da ressurreição. Pelo mesmo Cristo, nosso Senhor. Amém.

Creio

Creio em Deus Pai todo-poderoso, criador do céu e da terra. E em Jesus Cristo, seu único Filho, nosso Senhor, que foi concebido pelo poder do Espírito Santo; nasceu da Virgem Maria; padeceu sob Pôncio Pilatos, foi crucificado, morto e sepultado; desceu à mansão dos mortos; ressuscitou ao terceiro dia; subiu aos céus, está sentado à direita de Deus Pai todo-poderoso, donde há de vir a julgar os vivos e os mortos. Creio no Espírito Santo, na santa Igreja Católica, na comunhão dos santos, na remissão dos pecados, na ressurreição da carne, na vida eterna. Amém.

Invocação ao Espírito Santo

Vinde, Espírito Santo, enchei os corações de vossos fiéis e acendei neles o fogo de vosso amor. Enviai o vosso espírito e tudo será criado. E renovareis a face da terra. Oremos. Deus, que instruístes os corações de vossos fiéis com a luz do Espírito Santo, fazei que apreciemos retamente todas as coisas segundo o mesmo espírito e gozemos sempre de sua consolação. Por Cristo, Senhor nosso. Amém.

Consagração a Maria
(Bem-aventurado Tiago Alberione)

Ó Maria, minha Mãe, Mestra e Rainha dos Apóstolos, acolhei-me entre os que amais, guiais e santificais, no discipulado de Jesus Cristo. Em Deus, vedes os filhos que ele chama, e por eles intercedei, obtendo-lhes graças, luz e conforto. Jesus Cristo, o Divino Mestre, confiou-se inteiramente aos vossos cuidados, desde a encarnação até a ascensão.

Isto é para mim ensinamento, exemplo e dom inefável. Como Jesus, eu também me coloco em vossas mãos. Obtende-me a graça de conhecer, seguir e amar sempre mais a Jesus Mestre, Caminho, Verdade e Vida. Apresentai-me a Jesus, para ser admitido entre os discípulos dele. Iluminai-me, fortificai-me e santificai-me. Que eu possa corresponder plenamente à vossa bondade, e possa um dia dizer: "eu vivo, mas já não sou que vivo, pois é Cristo que vive em mim". Quero corresponder sempre mais ao dom de Deus, "até que em mim se forme Jesus Cristo". Amém.

Santo Rosário

Oferecimento

Em nome do Pai, do Filho e do Espírito Santo. Amém.

Divino Jesus, eu vos ofereço este rosário que vou rezar, contemplando os mistérios de vossa redenção. Concedei-me, pela intercessão de Maria, vossa Mãe Santíssima, a quem me dirijo, as virtudes que me são necessárias para bem rezá-lo e a graça de alcançar as indulgências desta santa devoção.

Creio em Deus Pai, todo-poderoso...

Pai nosso que estais nos céus...

Ave, Maria, cheia de graça... (3x)

Glória ao Pai, ao Filho...
(Rezar 1 Pai-Nosso, 10 Ave-Marias e 1 Glória ao final de cada mistério.)

Mistérios gozosos
(As alegrias de Maria Santíssima – segundas-feiras e sábados)
Primeiro mistério — Maria Santíssima recebe, pelo Anjo Gabriel, o anúncio de sua divina maternidade (Lc 1,26-38)

Segundo mistério — Maria Santíssima visita sua prima Isabel (Lc 1,39-56)

Terceiro mistério — Jesus nasce em uma gruta, em Belém (Lc 2,1-20)

Quarto mistério — Jesus é apresentado no Templo (Lc 2,22-38)

Quinto mistério — Jesus é encontrado no Templo entre os doutores (Lc 2,41-50)

Mistérios luminosos
(A revelação do Reino de Deus personificado em Jesus – quintas-feiras)
Primeiro mistério — Jesus é batizado no rio Jordão (Mc 1,9-11)

Segundo mistério — Jesus realiza seu primeiro milagre, transformando água em vinho nas bodas de Caná (Jo 2,1-12)

Terceiro mistério — Jesus anuncia a Boa-Nova de Deus e convida à conversão (Mc 1,14-15)

Quarto mistério — Jesus é transfigurado diante dos discípulos (Mt 17,1-13)

Quinto mistério — Jesus institui a Eucaristia (Mc 14,22-25)

Mistérios dolorosos

(As dores de Jesus e de Maria – terças e sextas-feiras)

Primeiro mistério — Jesus reza no Jardim das Oliveiras (Lc 22,39-46)

Segundo mistério — Jesus é flagelado (Mc 15,1-15)

Terceiro mistério — Jesus é coroado de espinhos (Mt 27,27-31)

Quarto mistério — Jesus carrega a cruz para o Calvário (Lc 23,26-32)

Quinto mistério — Jesus morre na cruz (Lc 23,33-49)

Mistérios gloriosos

(A glória de Jesus e de Maria – quartas-feiras e domingos)

Primeiro mistério — Jesus ressuscita da morte (Mt 28,1-15)

Segundo mistério — Jesus sobe aos céus (Lc 24,50-53)

Terceiro mistério — O Espírito Santo desce sobre Maria e os Apóstolos (At 2,1-13)

Quarto mistério — Maria Santíssima é elevada aos céus (1Cor 15,50-53)

Quinto mistério — Maria Santíssima é coroada no céu como Rainha (Ap 12,1-18)

Agradecimento

Graças vos damos, soberana Rainha, pelos benefícios que todos os dias recebemos de vossas mãos. Dignai-vos agora e para sempre tomar-nos debaixo de vosso poderoso amparo, e, para mais vos obrigar, saudamo-vos com uma Salve-Rainha.

Salve, Rainha, Mãe de misericórdia...

Referências

A BÍBLIA: NOVO TESTAMENTO. São Paulo: Paulinas, 2016.

BEATTIE, Tina. *Redescobrindo Maria a partir dos Evangelhos*. São Paulo: Paulinas, 2001.

CATECISMO DA IGREJA CATÓLICA. São Paulo: Loyola, 1999.

KRIGGER, Murilo. *Um mês com Maria*. São Paulo: Paulinas, 2003.

MASINI, Mario. *Maria, o Espírito e a Palavra*. São Paulo: Paulinas, 2002.

PAPA FRANCISCO. Carta Encíclica *Fratelli Tutti* sobre a fraternidade e a amizade social. São Paulo: Paulinas, 2020.

PAPA FRANCISCO. *Oração a Maria para o mês de maio de 2020*. Disponível em: <https://www.vatican.va/content/francesco/pt/prayers/documents/papa-francesco_preghiere_20200425_preghiera-mariana-maggio.html>. Acesso em: dez. 2022.

PAPA FRANCISCO. *Oração a Maria, Mãe da Igreja, Mãe da nossa fé*. Disponível em: <https://www.vatican.va/content/francesco/pt/prayers/documents/papa-francesco_preghiere_20130629_maria-lumen-fidei.html>. Acesso em: dez. 2022.

Sumário

Apresentação 7

Maria nos apresenta seu Filho Jesus

1º dia 11
2º dia 14
3º dia 17
4º dia 20
5º dia 23
6º dia 26
7º dia 29
8º dia 32
9º dia 35
10º dia 38

Com Maria, somos Igreja a caminho

11º dia 43
12º dia 46
13º dia 49

14º dia 52
15º dia 55
16º dia 58
17º dia 61
18º dia 64
19º dia 67
20º dia 70

Maria em nossa vida

21º dia 75
22º dia 78
23º dia 81
24º dia 84
25º dia 87
26º dia 90
27º dia 93
28º dia 96
29º dia 99
30º dia 102
31º dia – Celebração de coroação de Nossa Senhora 105

Orações do Cristão 109
Referências 115

Rua Dona Inácia Uchoa, 62
04110-020 – São Paulo – SP (Brasil)
Tel.: (11) 2125-3500
http://www.paulinas.com.br – editora@paulinas.com.br
Telemarketing e SAC: 0800-7010081